倫理

THE BIG QUESTIONS
ビッグクエスチョンズ

Ethics

ジュリアン・バジーニ 著
サイモン・ブラックバーン 編
山邉昭則・水野みゆき 訳
Julian Baggini

Series Editor
Simon Blackburn

Discover

はじめに

「道徳の衰退」。これは過去、現在を問わず、どの時代でも起こってきたことである。今もまさに、道徳観は低下し危機に陥っている。……大部分の人がそう認識しているようだ。

アメリカでは、ギャラップ社による年一度の世論調査が実施され、大多数の人が「道徳の価値が低下している」と答えた。「アメリカ人の持っている道徳の価値観は貧しい」と答えた人が約38～45％なのに対して、「素晴らしい、良い」と答えた人は約14～23％だったのだ。

2010年頃には、イギリスの世論調査の「83％の人が『道徳観の低下を感じる、または、そういう体験をした』」という結果がBBCによって報道された。

一方で不思議なことに、道徳観の低下は倫理を向上させるようである。今では、主なスーパーマーケットに行けば倫理的製品――フェアトレード（公正な取引）された食品から環境に優しい掃除機まで――を見つけることができる。多くの企業が、倫理規定や社会的責任を意識しているからだ。

道徳の衰退と高まる倫理意識というこの奇妙な関係を、私たちはどのように説明すれば良いのだろう。はっきり言って、倫理についてどのように語れば良いのか、どのように考えれば良いのか、ということを私たちはほとんど知らない。明晰どころか、支離滅裂な考えを思いつくばかりである。

道徳を、確立された規則や規範と捉えたり、性的なあるいは反社会的な行為という観点から考えたりしたときに、衰退しているという認識が表れてくる。しかし、こういった道徳についての考え方は、正しい行為と間違っている行為から成るもっと大きな道徳の概念の、ほんの一部分でしかない。

人は、自分の行為が他者にどのような影響を与えるかについて敏感である。企業倫理や道徳的な消費者が生まれるのはそのためだ。道徳が伝統的な規則を遵守することを意味し、倫理がより広い意味で正しいことをしようとすることを意味しているのだとしたら、倫理が固持されているときにも、道徳が衰退していくことがあるのは当然のことだ。

倫理と道徳に関する混乱は、2つの用語が取り違えて使われているということも一因だ。道徳を研究する哲学者の間でさえ、それぞれの用語をどのように定義するかについて統一された見解がなく、さまざまな流派が存在している。

道徳とは、ほとんどいつでも私たちに影響を与えるものであり、ある行動が許容されているか否かを示すルールだと私は思っている。そして倫理は、人生がうまくいっているとか、ひどい状況だとかに関連したあらゆることを含む、もっと範囲の広い原則だ。たとえば倫理学の理論家の中には、良い人生における瞑想や友情が果たすべき役割について語る人もいる。

仮にあなたが標準的な倫理の枠に当てはまらないとしても、それだけであなたが不道徳であると決まるわけではない。倫理における最も大きな論点は、「自らの人生をいかにより良く生きるか？」ということだけでなく、私たちの行為が「いかに深く他者の幸福に影響を与えるか？」ということでもある。したがって倫理的な原則は、道徳的なものになりがちである。

本書では、倫理の重要な要素として考えられる20の「ビッグクエスチョンズ」に答えていく。倫理の主だった目的、議論、概念を扱ったつもりだが、本書は教科書ではないということを一言断っておく。「カントはこう言った」や「アリストテレスはこう信じている」ということを答えとすることはしない。

真に道徳的な理論に触れるには、当たり前ではない状況について主体的に考えていくことが必要である。特に、ジレンマについて考える能力を高めることが最善だろう。しかしこの方法そのものにもジレンマがある。包括的で客観的でありたいという願望と、身近なものとして、個人的にその問題と向き合いたいという願望である。

最終章を読み終えるころ、倫理についてより深い真実の考察がなされ、それが明確になっていれば幸いである。価値というものはしばしば衝突する。一方が間違っていて一方が正しいからではなく、しばしば1つ以上の良所を見い出してしまうと、私たちは別の価値について同じだけの良所を見い出せなくなってしまうからだ。客観性と主観性の競り合いの中でほどよい善を選びとるには、偉大な哲学者の見解を詳しく見ていくことよりも、その問題を客観的に説明するほうが理解が深まるかもしれない。

また、本書の中でさまざまな視点に触れていただきながら、私自身の判断力と偏見が明らかになるだろう。そして本書を読み終えたときには、あなた自身の判断力や偏見についても明らかになるはずだ。

※「倫理」と「道徳」の定義については「ロングマン現代英英辞典」に従うと、「倫理」(ethics) とは、人々の行動や態度に影響する一般的な考え方、信念のことを意味し、「道徳」(moral) とは、良い行動の原理原則や基準となるものを意味する (編集部註)。

The Big Questions　倫理

目次

黄金律は存在するか？

自分がしてほしいことを他人にせよ

「自分がしてほしいことを他人にせよ」という言葉は、道徳の黄金律とされている。事実、ほとんどの道徳体系がこの黄金律と同等の内容を含んでいる。

この黄金律というのは、一体何なのだろうか？　黄金律は、本当に倫理の基盤にふさわしいのだろうか？　確かに、その簡潔さ、公平さという点において黄金律は魅力的である。実際のところ、この原則は一体どんな意味を持つのだろうか？

孔子は「己の欲せざる所は人に施すこと勿れ」と述べた。古代のクレタ島の哲学者タレスは「他人がしていたらとがめるような行為を自分がすることは避けよ」と言い、仏陀は「自分がつらいと思う方法で他人を苦しめてはならない」と言った。イエス・キリストは「自分がしてほしいことを他人にせよ」と説いた。同様の意味のことは、カント（Immanuel Kant）の「定言命法」の中でも「あなたの意志が常に普遍的な立法の原理として妥当し得るように行為せよ」という、無条件に従うべき命題として表現されている。

黄金律の2つの顔

歴史のある時点ある文化において正しいとされることが、異なる時間や場所でも正しいわけではない。道徳哲学の教師によると、多くの学生はこのように道徳は相対的なものであると考えて授業に臨むが、まもなく彼らはその考えを取り下げることになるという。

宗教や文化などを超えた道徳的基礎、あるいは、ある1つの見方を超える形式化された知恵としての一節、それが黄金律であり、黄金律の普遍性なのである。相反する道徳的価値観が溢れているが、最も基本的な原則に関しては共通の原理が存在し得るようなのだ。

黄金律は、肯定形か否定形かではっきりと区別できる。前者は、「人からしてほしいことを他人にしなさい」と呼びかけ、後者は、「自分がされたくないことを他人にしてはならない」と呼びかける。

同じことを言っていると思うかもしれないが、そこには大きな違いがある。否定形は、他人に加える危害を最小化するための限定された倫理規範ともとれる。言い換えれば、他者に危害を加えない限り自由な行為が許されるという考え方だ。

一方肯定形は、否定形が認めていないすべてのことを同様に禁止するだけでなく、他の行動指針をも含むものであり、幸福を最大化するための倫理と言える。他人をぞんざいに扱うのを避けるだけではなく、より積極的に、つまり、親切に扱う必要があるのだ。

しかし、実生活の上では肯定形と否定形の間に大きな違いはない。たとえば車の運転について考えてみよう。否定形で言えば、他人を傷つけるような危険な運転をしない限り、好きなように運転することができる。一方肯定形で考えると、道端で他の車が故障しているのに気付いたらそれを助け、事故を見かけたら通報するというように、他人に危害を加えないこと以上の何かをするべきだということになる。

確かに、言葉のとおりに解釈するとこうした違いが存在する。しかし、どちらも私たちにとっては同じ義務を生じさせるものだと言える。つまり私たちは、自分が重大な問題に直面している際に他者に無視されたくないと感じるが、ここで「無視する」ということはただの「非－行為」ではなく、「無視する行為」と見なされ得る。そう考えると、否定形においては積極的に手を差し伸べないことが禁止されているのである。

これは道徳哲学によく登場する問題の1つでもある。直観的には、「何をするか」と「何をしないか」、「行為」と「非－行為」（法律用語では「不作為」）の間には、決定的な違いがあるように思える。しかし、この区別が常に重大な意味を持つというわけではなく、場合によっては瑣末なことにすぎない。「行為」が責任を伴うのと同じくらい、ある種の「非－行為」――たとえば怠慢――には責任が伴うのだ。

責任において最も重要なことは、含まれる「行動の量」ではなく、結果に与える「影響の量」ではないだろうか。つまり、長い時間と手間をかけて手に入れたシュールストレミング（世界一臭い食べ物と評されるニシンの塩漬けの缶詰）を人々の中に投げ込むという「行為」より、同じ規模の群衆の上に巨大な岩が落とされることを、スイッチ1つで止められるにもかかわらずあえてそうしないという「非-行為」のほうが、より多くの責めを負うということだ。

自分がしてほしいことは他人もされたいことか？

私たちはどのようにして自らの要求を決めるのだろうか？　自分がしてもらいたいことを考えてすぐにそれを他者に対して求めると捉えるのは適切でない。自分と他者の見方の違いに注意を向け、行きつ戻りつ考える必要がある。

具体例として、互恵性（互いに利益を与え合うこと）の観点から貧しい人々への援助について考えてみよう。

貧しい人々は「裕福な人々に財産の半分を分けてほしい」と考えるかもしれない。しかし黄金律において、人が希望すると思われることをそのまま道徳的要請とすることはできない。大抵の人々は、公平であろうとなかろうと、自分が最も満足できる状態を望むからだ。

あるいは貧しい人々は、裕福な人々に、半分と言わずほとんどの財産を分けてほしいと考えるかもしれない。そうした場合、私たちはそうした要求が合理的かどうかを問わなくてはならない。そのために、異なる立場からの想像、貧しい人々が、「もし自分が裕福だったら何を望むだろうか」と問うことが必要となる。知り合いでもなく、それを稼ぐのに貢献したわけでもない人々と均等に自分の財産を分け合いたいと思うだろうか？

両方の立場からの望ましい状態を互恵性の観点から考えると、「裕福な人々は、貧しい人々の苦境を改善するために最低限の犠牲を払う」というのが理にかなった考え方となるだろう。裕福な人の財産をすべての人と均等に分け合い、公共の富として扱ってはならない。自分がしてほしいことを他人にするというのは、他者の要望を最大化することを意味するわけではないのだ。

この結論に反対する人もいるだろう。そしてこれは、黄金律が抱える大きな問題でもある。黄金律は、個々人が黄金律とは別に持っている価値観によって左右されてしまうものであり、「すべての人は、他の人と同等に扱われるべきもの」という考え方は必ずしも全員にとって適当なものではない。

たとえば、裕福な経済的平等主義者ならば、自分の財産を他者と平等に分け合うはずだし、貧富が逆転したとしても他者に同じことを期待するだろう。一方、富を追求するのは個人の自由だと考えている人なら、なんの自己欺瞞もなく「もし自分が貧しかったとしても、裕福な人がお金を平等に分け与えてくれるとは期待しないだろう」と考えるはずだ。

もちろん、貧しい人が自分にお金を分け与えてくれるよう「望む」ことはあるだろう。だがそれは、死に瀕している他人に「あなたの財産をすべて私に残してくれることを望む」ことと同じで、ただの願望にすぎない。彼らもそれが道徳的要請の基盤として合理的なものだとは考えないだろう。

黄金律の第一の問題は、私たちが他者からしてもらいたいことの基盤となる道徳的な指針を作ろうとしても、それがあまり効力を発揮しないということである。その前に、他者に望むこととして理にかなっているものは何かについて考察しなくてはならない。しかし、それを考え始めると、公平とは何か、あるいは筋の通った確かな価値観はあるのか、という問いが浮かんでくる。

私たちはさまざまな矛盾した価値観を持っている。そのため、黄金律は普遍的な倫理を作り出すことができない。その代わりに黄金律は、私たちが一貫した価値観を持っているかどうかを確かめるある種の試金石となる。つまり、その価値観が互恵的要請の原理に合っているかどうかを査定するのである。

この査定によって私たちが取るべきとされる行動の数は減るかもしれないが、それでもまだ複数の選択肢が残る。他人からどう扱われるべきかについて、誰もが同じ考えを持つわけではなく、誰もが黄金律によって同様の道徳的行動原理に導かれるわけでもないからだ。

メタ原則としての黄金律

ここで黄金律を、原則を規定する原則、いわゆるメタ原則だと考えることはできないだろうか？　黄金律がメタ原則であるとはつまり、黄金律が「自分に適用している原則とは別の原則を他人に適用してはいけない」という一貫性を求めるものであるということだ。この一貫性の下では、あなたが他人に従うよう求めた原則にあなた自身が従うことが当然のこととなって初めて、他人に対してもその原則に従うように求めることができる。ただし、その原則が具体的にどのようなものであるかについては、黄金律が何かを示すわけではない。

原則の一貫性は、たとえそれが単に道徳的であり続けるべき理由でしかないとしても、依然強く必要とされるだろう。

「なぜ善くあるべきなのか？」という質問に答えることは非常に難しい。メタ原則としての黄金律はそれに答えてくれるものではなく、論理的整合性と一貫性が備わってさえいれば、それ以上のものは求めないものだからだ。

このことと道徳の基盤との関係について、イマニュエル・カント（Immanuel Kant）以上に追求した人物はいないだろう。

「あなたの格律は、普遍的な法則になり得るもので、またそうなってもあなたが後悔しないようなものでなければならない」と言ったカントは、「ひどく追い詰められた状況にあるとき、果たすつもりがない約束をしても良いだろうか？」という問いを立てた。これに答えるためには、親が子に突きつけるお決まりの質問、「誰かがそんなことをしたら、あなたはどう思うかしら？」という問いを自分に対してしてみることで考えると良い。つまり、「ひどく追い詰められた状況にある他人が、あなたに対して絶対に守られることのない約束をしたらどう思うか？」と問うのである。

さらに言い換えるなら、「自分の原則（嘘の約束によって自分を苦境から救い出すこと）を、自分にも他人にも適用可能な普遍的な法則とすることができるだろうか？『人はそうする以外に自分を救う方法がない困難な状況では、偽りの約束をしてもかまわない』と、常に一貫して認めることができるだろうか？」ということであり、カントの答えはノーだ。

そのようなことを認めると、どんな約束だって破られてしまうだろう。私の主張を信じない人に、私の未来の行動についての意思を主張しても無駄であるし、もし相手が軽率に信じたとしたら、私は同じことをやり返されるだろう。

自分の従う規範が万人向けの法則となったら何が起こるだろうかということを考えると、嘘をつくことや道徳的であること、不正を働くことが非論理的であることに気付くだろう。あなたは嘘をつきたくなるかもしれないし、ある種の嘘をつくことで利益を得るかもしれない。しかし、あなたが何を望むか、どのような利害があるかとは関係なく、それらの行動は理性的な判断によって排除されるのだ。理性は、嘘をつくことが普遍的な道徳の法則となり得ないことを示している。そう、嘘をつくことは間違っているのである。

一貫性は普遍性を生み出さない

しかし疑問が残る。何かが普遍的法則として有効かどうかを、なぜ気にしなくてはならないのだろうか？　たとえば「芝生の上を歩かないでください」という看板。みんなが芝生の上を歩いたら芝生が駄目になることはわかる。だが、自分一人しかいなくて、しかも芝生の上を歩くことで自分が助かるのだとしたら、なぜそうしてはいけないのだろうか？「みんながそうしたらどうなるか？」という問いに対して、『『全員』ではないならいいじゃないか」と応じることはできないのだろうか？

カント以降も多くの哲学者が、普遍的法則の必要性について議論してきた。その一人、ジョン・サール（John Searle）は、「行動を起こすための、合理的で拘束力のある、願望に依存しない利他的な理由が存在する」という言葉で黄金律の必要性を主張した。

「苦しみ」という例を使い、サールの主張を見ていこう。

サールの議論は、私たちは苦しいとき、似たような状況下で他者が同様の苦しみを得ることを認めない限り「私は苦しい」とは言えない、という一貫性に基づく主張に始まる。そして他者も同様の苦しみを得るとわかると同時に、私が苦しみから助けられる必要性が生まれる。その必要性は他者が私を助けることの理由となり、同様に、誰かが苦しんでいるときは、私が彼らを助けなければならない理由となる、と続く。

つまり、私が望んでいようがいまいが、他者を助ける理由が存在するということだ。これらはすべて、私と他者との間に一貫性を認めるからこそ成立することである。

しかし、サールの主張には穴がある。「私の苦しみがあなたを助ける理由になる」という主張は、「あなた」が特定の誰かを示すものではないために、必ずしも機能するわけではないのだ。「私」が苦しい状況にあるときに、そのことが私にとって誰かが私を助ける理由になるというのは疑いのないことであっても、あなたが私を助ける理由とはならない。

その限りにおいて「あなた」が「私」を助けるちょっとした動機付けになったとしても、それは道徳的要請を含むものではないのだ。それはたとえば、ニンジンが半額になれば、それが買い物をする理由にはなるものの、買わなければならないという強制力を持たないのと同じだ。

私たちは、体重を減らさないといけない、薬を飲まないといけない、待ち合わせに遅れないようにしないといけない、昼食をとらないといけない、というように、同時に複数のちょっとした必要性を抱えている。サールの見解に従うと、こうした「私を困らせていること」のすべてが、他者が私を助けなければならない理由となる。

しかしニンジンの買い物の例のように、困りごとを抱えたあらゆる人を助けることが道徳的に強制されることにはならないはずだ。

一貫性におけるさらなる問題は、『私』から考え始めたときに見えてくる『あなたが道徳的に振る舞う理由』」と、「『あなた』から考え始めたときに見えてくる『あなたが道徳的に振る舞う理由』」との間に論理的なギャップが存在することだ。結局のところ、「私」から考え始めてたどり着いた「あなたはこのように道徳的に振る舞わなければならない」ということを、一貫性という必要条件を使って、道徳律や道徳的要請として仕立て上げることは、論理的に困難なのである。

他方で、道徳律が単に純粋な論理のみで導き出されるという考えを捨てるなら、道徳的要請に一貫性があることは道徳律それ自体にとって意義あることだと考えられる。一貫性によって合理的な規範へ訴えかけることができるからだ。たとえば、2つの状況が道徳的に見て差がないのであれば、ある規則を一方に当てはめ、もう一方に他のものを当てはめるのは合理的ではないだろう。

多くのものごとは、たとえ論理的な整合性がなくとも、常識の範囲内であれば筋が通る。たとえば、飽和脂肪酸を含んだ食品をたくさん食べることは良くないと考えることは理にかなっている。しかし、いつの日か、飽和脂肪酸は不健康と相関があるにすぎず、本当に有害なのは一緒によく食べられる他のものだということになる可能性もあるため、飽和脂肪酸が有害だということを論理的な主張とすることはできない。

一貫性を求める黄金律が力を失いつつあるのには、もう1つ別の理由がある。それは「『私にとって』と『あなたにとって』という2つの状況が、本当に常に同一なのだろうか?」ということだ。

黄金律が、状況や必要性に関係なく、人を同等に扱うことを意味しているとは考えにくいだろう。赤ん坊はスポーツ選手のような食事を与えられても喜ばないだろうし、子供は成人並みに何でも自分の責任で行動して良いと言われても困ってしまうだろう。

年齢などによる一般的な違いに加えて、私たちはみな異なる状況、環境におかれているし、必要とするものも異なる。こういった道徳的に考える上で有意な差が、黄金律において相手がしてほしいと思っていることをどのように定めるかの差となり、人との接し方に変化を与えている。

つまり、道徳的に有意な差は、人の扱い方が変わってくることを正当化するのだ。その一方で、どんな違いであれば道徳的に有意であると言えるのか、といった根本的な問題が残されてしまう。

翳《かげ》りゆく黄金

黄金律は役に立たないわけではない。しかし、一般に信じられているほど便利で有益とも限らない。黄金律はリマインダー（備忘通知）のようなものだ。ものごとを公平に見ること、他者のものの見方や他者が必要とすることや要望を自分のこととして考えるきっかけとなる。つまり、心理学者が言うところの「道徳的推論」の本質的な要素となるのが黄金律なのだ。また黄金律は、人を独断で判断することや、自分に都合良く道徳規範の例外を設けることは間違っていると警告してくれる。

ここまでの議論をまとめると、以前ほどの輝きは失ったかもしれないが、それでも黄金律には価値があると言えるだろう。だからこそ、黄金律はさまざまな表現でティータオル（イギリスなどで、食器を拭くのに使われる大型のふきん）に刺繍されたり、名言集や格言集に掲載されたりしているのだ。

しかし、黄金律が道徳に普遍的な基盤を提供するという考えは行き過ぎた理解である。黄金律が必要だという点では意見が一致しているようだが、実際にどう生きるべきかについては黄金律が何かを教えてくれるわけではなく、それが一体どのようなものなのかについては、意見が一致していないのが実状である。

崇高な目的は野蛮な手段を正当化するか？

手段と目的は分離できない

ある日、ある民主主義国家の副大統領が、数百人の無実の人たちを殺すよう命令した。それでもその後、彼は辞職することもなく、その決定をとがめられることもなく、現在も自由の身である。一体なぜだろうか？

実はこの命令は、その政治家やその他多くの人々が抱えていた問題に対処するための究極の手段だったのだ。この政治家というのはディック・チェイニー（Dick Cheney）であり、ある民主主義国家というのはアメリカ合衆国。そしてこの命令が下ったのは2001年9月11日だった。

チェイニーは、ニューヨークのワールド・トレード・センターが攻撃された際、それに2機の飛行機が使用されたことを聞かされた。数千人がすでに殺されたか、あるいはすぐに死に至るであろうということも同時に明らかになった。

そのとき彼は、ある恐ろしい決断を迫られていた。もし他の飛行機がハイジャックされ、この2機のような運命が待ち受けているとしたらどうするべきか？ 機内にいる無実の人たちを殺すことになっても、そのハイジャック機を撃ち落とすべきなのか？ あるいは、ハイジャック機をそのまま操縦させ、旅客と地上にいる人々をそのまま見殺しにするべきか？

チェイニーがその決断を下すことはさほど難しいものではなかったようだ。その決断から10年後、彼はフォックス・ニュースにおいて「正直、私はあまり躊躇しなかった。飛行機がハイジャックされれば、それは武器になる。……私は、脅威を排除することが自分の責任であると考えた」と語っている。

彼と同じ目線で考えると、その決断は思い悩む程のことではなかったのかもしれない。もし飛行機を攻撃しなければ、飛行機のすべての乗客に加えてその他数百人の地上の人々が確実に死ぬことになっただろう。決断を下せば、乗客はやはり死ぬが、その他大勢の人々は助かるはずだ。

幸か不幸か、それが現実に起こったとき、彼の命令が下るより早く飛行機は墜落したため、撃墜が実行されることはなかったのだった。

原子爆弾は正当か

別の例をあげよう。第二次世界大戦末期、当時のアメリカ合衆国指導者は、ある選択を迫られていた。それは、ある戦争を終わらせるために、原子爆弾を投下するか否かというものだった。はたして、太平洋を舞台とした残虐な戦争を終結させるため、広島と長崎に原子爆弾が投下された。その結果、多くの民間人を含む18万5千から25万もの人々が、爆破と放射能による被害のために亡くなった。戦争を終わらせるために設計された爆弾は、およそ軍事とは無縁な犠牲者を生み出したのだ。

歴史学者のロバート・P・ニューマン（Robert P. Newman）によると、日本軍占領下の地域では、戦闘によってではなく、飢えや必需品の欠如や病気によって、毎月何百何千という人々が亡くなっていたという。日本を破壊することによって戦争を終わらせる必要性があったと信じている歴史学者のダンカン・アンダーソン（Duncan Anderson）は、さもなければ、多くの民間人を含む少なくとも200万の人々が、かの大戦の犠牲となっていたはずだと述べた。

こういった選択において「何が正しくて、何が間違っているか？」という判断は、「何が事実として起こり得たと考えられるか？」に影響される。広島と長崎の死亡者数は、原爆を投下しなかった場合を考えると大きく異なってくるため、どのように戦争が終結されるべきだったかについての判断も変わってくるのだ。

しかし、ここで争点となるべきなのは、「他の多くの人々を救うためなら、無実の民間人を殺害することが正当化されるのだろうか？」ということだ。

これは、「目的は手段を正当化できるのか？」という道徳問題に帰着させるだけで片付くものではない。同じ理由で、後程扱う『拷問は絶対にだめ？』という問いも関わってくるだろう。

他者の生命を救うために誰かしらを拷問し、情報を引き出すことについて考えてみよう。犯罪者たちの所業を暴くために、あるいは犯罪行為を思いとどまらせるために、無実の人を投獄したり、あるいは処刑したりすることは正当化できるのだろうか？

この問いに対する個人個人の考えが大きく異なるため、明確な答えはなかなか出てこない。

広島を例にとってみると、原子爆弾の投下が戦争を終わらせる唯一の方法だったと論理的に考える人がいる一方で、この行為は残酷で不道徳なものだと捉える人もいる。さらには、この決断に対してどちらかに態度を決め切ることができず、引き裂かれるような思いをする人もいる。

それだけではない。同じ人の直観の中でさえ、2つの状況の間で矛盾が生じていることがある。たとえば、原子爆弾の使用は間違っているとはっきり表明しているにもかかわらず、従来型の爆弾――ヨーロッパ製の爆弾の犠牲者は、原子爆弾の犠牲者よりも多い――を使うことを認めている人は多い。そして、この明らかな矛盾を指摘されたとき、大抵の人はそれを解消することができない。

一体、どのようにすれば明快な答えを導き出すことができるだろうか？

「帰結主義」と「義務論」

まずは、倫理の教科書でよく取り上げられるスタンダード・アプローチと呼ばれる2つの考え方、「帰結主義（consequentialist）」と「義務論（deontological）」について見ていこう。

「帰結主義」とはその名の通り、行為が正しいか間違っているかを道徳的に判断する際に、その行為から生じる帰結（結果）を考慮に入れる立場である。

2つの選択肢があるとき、あなたはより良い結果となる方を選択しなければならない。そしてこの場合の「より良い」とは、幸福を生み出すこと、苦難を軽減すること、複数の選択肢や自由があること、自律性が強化されること、人類を進歩させることなどを意味している。諸説あるが、ここで強調されている原理は、正しいこととは結果として「より良い」ものになることであり、間違っていることは多くの「悪いこと」を生み出す、というものである。

一方「義務論」は、結果と関係なく、道徳とは義務や責務を全うすることだという立場である。

たとえば人間には、罪を犯してはいけない、無実の者を殺してはいけないという義務がある。そしてこの義務は他の無実の者を守るということに優先されるものではない。したがって、結果としてより多くの罪のない人々が死ぬことになろうとも、義務を果たすように行動しなくてはならない。

帰結主義では、（結果において）「何が良いことか」が（行為において）「何が正しいか」と密接に関係することになる。一方義務論では、「何が良いことか」と「何が正しいか」ということとは、それぞれが独立した事柄なのだ。したがって、人々が正しく行動しようとした世界は、間違ったことを実行しようとしている世界よりも、より悪い結果をもたらすのかもしれない。

このような枠組みでものごとを捉えると、ハイジャックされた飛行機の問題に一応の答えが得られる。

もしあなたが帰結主義者であれば、チェイニーのように振舞えばよい。つまり、より多くの人を救うために、罪のない人が乗っている飛行機を撃墜するのだ。もしあなたが義務論者であれば、無実の人を殺すことは道徳に反する行為となるので、飛行機を撃ち落とせという指示は下さないだろう。

原子爆弾の場合も同様だ。帰結主義者であれば、中長期的に見て明らかに多くの人々の命を救うことができると確信できるのであれば、原子爆弾を投下するだろう。しかし義務論者は、無実の人を殺してはならないという義務に反するため、爆弾を投下することはないはずだ。

これらのアプローチを応用すれば倫理学の試験には合格できるだろう。しかし、現実の問題を解決するのにはあまり役に立たない。

この理論を有効に機能させるには、選択を行なう人物が義務論者であるべきか、帰結主義者であるべきかを決めなければならない。しかし、2000年以上続く道徳哲学の研究成果をもっても、いまだにどちらが正しいのかという高次元の問題は解決していない。次章以降では他の理論も扱っていくが、善い道徳的な決断が1つの理論によって導き出されると考えることがいかに難しいかを思い知らされることになるだろう。

より根本的な問題として、現実には純粋な義務論者も帰結主義者もまずいないということがあげられる。目的と手段の間のバランスを取るのが難しいのは、どちらの立場の主張ももっともであるからだ。

私たちは、結果が最良のものとなることを望むけれど、求める結果のために人間の命がただ単に「手段」として扱われるのは御免なのだ。倫理学の教科書では、帰結主義と義務論が二者択一のものとして提示されるが、実際に私たちが正義を貫きたいと望むとき、その両方に真実が含まれているのである。

では問題解決のためには、いったいどちらのアプローチを選択すれば良いのだろうか？　ここにはさらなる問題がある。

ハイジャックされた飛行機の事例においては、撃墜するという選択肢を義務論の立場から正当化することもできてしまうのだ。アメリカ国民を守るという義務が、無実の民間人を殺す命令を出してはいけないという義務より優先されると考えるのだ。

あるいは、帰結主義の立場から飛行機を撃墜しないという決断を導き出すこともできる。確かに、飛行機を撃墜することで多くの命を救うことになるだろう。しかしこの決断は、民主主義のもとで選出された政治家が自らの市民を犠牲にすることがあるという前例を残すことになり、国民の信頼を損なう、つまりより大きな損失をもたらすことになる、と考えることもできるのだ。

義務論と帰結主義に大差はない

義務論や帰結主義に基づいて、実際に選択したことをいかようにも正当化できてしまう理由の1つは、どちらの理論の特徴も実はさほど際立ったものではないからだ。それぞれの原理の最も重要な部分を、もう一方の原理を使って表現することすらできてしまう。

仮に、「大多数の人々のために、考え得る最良の結果を保証する義務があり、この義務が他の良い結果を生み出す可能性よりも優先されるべき」というのが義務論の本質的な部分だとしよう。そして、帰結主義的な観点として、「行為の結果に基づいて判断することで、より良い世界で暮らすことができる」と考えるとする。ここでもし、人々の自律を尊重し、責任を全うし、人の命を手段として扱わないことが良い世界で暮らすことであるとすれば、帰結主義の観点から、先程義務論の本質的な部分としたものを表したことになる。

それではなぜ、これら2つの理論はこんなにも違ったものとして映るのだろうか？

そこには、歴史的なあやがある。義務論の起源は、神こそが最も優先されるべき関心事という宗教的な倫理観である。その後イマニュエル・カントによって切り拓かれた近代的な解釈においては、私たちの従うべき義務は神ではなく理性によるものとされた。いずれにせよ、その義務は繁栄や幸福以外の何かに基づいていたのだ。一方帰結主義は、幸福の最大化と、苦痛の最小化を核とする功利主義を通じて知られるようになった。

かくして、道徳は人々の幸福を最大にするためのものではないという主張と、そのためのものだという主張の2つの主張で明瞭な違いがあるかに見えるようになったのだ。

しかし、このように区別することは誤解を招くものである。そもそも、義務論の中心は人間の幸福であることは間違いないことなのだ。神は人間にとっての最大の関心事であるため、神に従うことで、人間の幸福が間接的にではあるが最大化されるとされていたからだ。

カントの定言命法——人間の意志を制約する道徳規制のうちで、人間一般に無条件に当てはまるもの――においても、実際にはすべての人にとって最良となるようなことをせよというのが主意である。

これに対して帰結主義の背景となる功利主義がこうも違ったものに見えるのは、功利主義が人類の幸福を考えているためではなく、功利主義の考える幸福が最大多数の最大幸福という快楽主義的な狭義の幸福と思われているからである。しかし、より広い視点から人類の繁栄について考えていくと、すぐさまそれが義務論的な響きの長所を備えることに気付くだろう。

私たちは最大の幸福だけでなく、自律性や尊厳を得るための人間性も追求している。また、個人としての尊厳を守るためであれば、表層的な快楽を求めるのではなく、あえて苦痛に耐えたり、死をもいとわないことさえある。

翻して考えると、義務論が探求しているような「良い結果」も、人類の幸福と関係があることになる。ただし、ここでの幸福とは、単純に私たちが幸福感を得られるかどうかということではなく、もっと広い意味合いで理解されるべきものである。

「善と悪」「手段と目的」は細かく区別せよ

もし、手段を考えることと目的を考えることとが、義務論と帰結主義の倫理とを区別するものではなく、どちらも等しく人類の幸福を考えたものであるなら、これらの理論は難しい判断に道徳的な根拠を与える有効な概念とは言えない。

手段と目的の問題が道徳的な関心を呼ぶのは、それが「正しいことを成し遂げるために間違ったことをする可能性、あるいは何か良いことを実現するために悪いことをするという可能性」といったようなパラドクスや精神的葛藤を生じさせるからである。

しかし、より綿密に考えることでこれらの矛盾を生じさせないことが可能だ。

私たちはときとして、誰かに対して有害であったり不快感や痛みを感じさせることを行なう。しかしそれでもやはり正しければその行為は正当化されるし、間違っていたらそれらは正当化されることはない。いずれにしても、正しいことを行なうためだとしても、何かしら間違ったことを行なってはならないのだ。

同様に、困窮、苦痛、ひいては死の原因となるような悪しきものとして認識している行為が、仮に、義務やより良き善を達成するための最も倫理的な選択であると判断された場合、それは「道徳上、悪い」ということにはならない。

したがって、私たちは正しいことを行なうために悪い行為を働くことができることになる。そして、このことが矛盾して見えるのは、通常の会話では、善と正しいこと、悪と間違っていることが、道徳理論のように注意深くは区別されていないからだ。

ジレンマを生じさせないために

それでは、倫理的な文脈での手段と目的について考えるために、先程の2つの例、ハイジャック機の撃墜と1945年の原子爆弾投下の例に戻って検討しよう。

「目的を達成するために悪しき手段を正当化できるか？」という問題は、これまで少し間違った方法で問われてきたのだ。このジレンマの正体は、義務論と帰結主義のどちらでもなく、他の方法で問うことによってより明瞭となる。

それは次のような問いだ。「無実の民間人を殺してはならないという義務は、爆撃から無実の民間人を守るという義務より優先されることだろうか？」あるいは「人類のより良き幸福のためという動機は、戦争を終結させるために無実の人々を一瞬で虐殺する行為を認めるのか？」

「もしさらに多くの人々が死ぬことが確実である場合、その闘争を継続させることに賛成だろうか？」と問われたらどうだろう。

このような問題はたやすく解決できるものではない。もしあなたが手段と目的について語るときに相互に矛盾するものを正当化しようとするならば、こういった問題を解決することはさらに難しくなるだろう。つまり、誰かが原子爆弾の投下を義務論的な根拠から反対し、他の誰かが同様の判断を帰結主義的な根拠から反対した場合、一体どのようにして解決できるだろうか？　どちらか一方に提示されたある種の道理は、他方への手がかりを持たないものだ。ただし、対立する義務（人類の幸福の異なる結末）という観点から考えれば、少なくとも両方の選択肢について、いくつかの基準に照らし合わせて比較することはできるだろう。

解決策の見つからない難解さを実感したところで、義務の対立を考えるのに役立つ３つの重要な点を示しておこう。１つ目は、「確率」に関係するものだ。もしあなたが飛行機を撃墜したとすると、あなたは飛行機内の人物すべてを殺すことになる。しかしそれを実行しなければ、断定することはできないが、もっと多くの人々がより高い確率で死ぬことになる。

同様に、もしあなたが原子爆弾を投下すれば、何百、何千もの人々を殺すことになる。しかし、戦争を終結させることができるかどうか確信は持てないし、もしかするとどのような場合においても戦争はすぐに終わるかもしれない。

つまり、私たちは予測できないはるか遠い未来のことよりも、目の前の明らかな損害や利得を勘定しようとする、道徳的な緊急性を持つと言えるだろう。

2つ目の提言は、明確な結果と、不明確で広範な影響が考えられる結果についてだ。前者が、自分たちを犠牲にせず、民衆から信用を失った指導者たちがもたらした予測可能な戦死者数だとする。そして後者が、原子力のタブーを破り、将来誰かが倣うかもしれない前例を作ってしまう可能性だとする。そのとき、どのようにしてこれら2つを比較検討できるだろうか？　それは不可能なことではないだろうか？

3つ目は、加害者と被害者、参加者と傍観者では、選択肢によって受ける影響が異なる点である。計画の妨げになる選択肢がとられた場合、ハイジャック犯は苦しむが、民間人は爆撃の矛先となることを回避できる。選択による結果がどのように拡散されるかについては、シナリオ次第でさらに異なるものとなる。

これらは間違いなく、対立する義務が存在するなかで道徳的決定を下す必要があるとき、その必要に迫られた人間が取り組まなくてはならない現実的で困難な問題である。こうした問題に取り組むことなく、「手段と目的」、あるいは「義務論と帰結主義」の道理をめぐる利点のバランスを保つべきだと主張することは、間違っているだけではなく、より良い道徳的決定を阻む障害となるかもしれないのだ。

「手段と目的」の終わり

手段と目的の区別は、帰結主義と義務論の深遠かつ重要な区別に影響されたものだ。もし私の考えが正しいなら、このことは重要な事柄から注意を逸らすことになるだろう。

手段と目的に関する論争の多くは、長期的なものと短期的なもの、不明確なものと明確なもの、明確な損害と利点、不明確な損害と利点、こういったものが拮抗している。そしてときとして、それらが善のバランスを取るよう要求してくるかのように感じさせる。たとえば、自由意思と安全性に関する論争では、安全性をさらに高めるという目的のために、自由意思を制限することは正当化されるべきだとか、さらに、それは安全と自由の権利との相対的重要性を示しているとか言われている。これでは、永遠に答えに至らないだろう。

手段と目的を区別することなく済ませるべきなのだろうか？　私はそう思う。正しいことをする唯一の方法が、罪のない人を傷つけたり、危害を加えたりしてしまうものである場合、その目的達成のために手段が正当化されるかどうかを問うのはごく自然なことだろう。しかし、本当にそのようなジレンマを解決したいならば、できるだけすぐにこれらの用語を使って考えるのをやめることだ。それはつまり、手段と目的の区別を付けないことによってこそ、倫理的に意義を持つ概念となり得るからである。

テロは正当化できるのか？

手段の合理性をめぐって

テロリズム（テロ）を正当化するような主張は、直ちに反感を呼び起こす。「テロリズム」という言葉自体が道徳的に偏ったものを想起させるため、何かを「テロである」と表現することは、すでにその行為を非難しているに等しい。

例をあげよう。2011年、リビアの最高指導者カダフィ(Gadhafi)大統領とその同盟国ベネズエラのウゴ・チャベス（Hugo Chavez）大統領は、反乱軍をテロリストであると非難することで、反乱軍に対する信用をいとも簡単に失墜させてしまったのである。

テロリズムは常に非難の的となっているようだ。

2002年、哲学者のテッド・ホンデリック（Ted Honderich）が著作の中で、「アパルトヘイト政府と白人に対抗する道徳的に正当な権利が南アフリカ共和国のアフリカ人に存在したのと同様に、パレスチナ人はテロに賛成する道徳的権利を持っている」と記した。それを受けて国際援助慈善団体・オックスファムは、ホンデリックからの寄付金5000ポンドと、それ以後の寄付の申し出を受け入れないことにした。

同年、当時のイギリス首相の妻シェリー・ブレア（Cherie Blair）が、さらに大きな波紋を引き起こす発言をした。それは、パレスチナの若者たちに漂う希望の欠乏感に理解を示すだけでなく、なんとテロを擁護する内容だったのだ。ブレアのスポークスマンは、「彼女は今まで自爆テロを非難しなかったし、これからもしないだろう。パレスチナの若者たちには選択の余地がなかったのだということです」と、反論を唱える人々に理解を求めるような説明を行なった。

「なぜテロは間違っているのだろうか？」という問いを議論していく上では、テロは間違っていると条件反射的に決めつけないことがまずは肝要だ。完全に間違っているのだとしても、非難するには根拠が必要だ。

ほとんどの人は、テロを否定する明白な根拠があると思っている。オックスファムは、ホンデリックの寄付を受け入れないという決定に際して、「私たちは、すべての人間は同等の価値を持つと信じている。私たちは暴力行為を支持しない」という声明を発表した。

この簡潔な声明はしかし、テロを否定する根拠とは言いがたい。

まず、「すべての人間は同等の価値を持つ」という言葉にあまり説得力がない。これと同じ原理が、軍事とテロを正当化するために使われる。たとえば、パレスチナのテロリストはイスラエルとの紛争で多くのパレスチナ人が死亡したと指摘する。そしてそれは、パレスチナ人の生命がイスラエル人の生命より価値が低いと思われているからだとして怒りを強めている。

また、ほとんどの人々が自己防衛や、罪のない人を守るためや、残忍な政権を倒すために暴力の使用を認めていることから、オックスファムの主張の後半、「私たちは暴力行為を支持しない」というのは、道徳の絶対原理ということにはならない。

テロが正しいこともあるなどと言うのは言語道断だという考えや、他の種類の暴力行為とは異なりテロだけは絶対に駄目だという考えがある。ただし、絶対に駄目だと主張するには、説得力のある根拠が必要だろう。

テロを定義するのは難しい

そもそも、なぜテロの暴力は特別扱いされるのだろうか？　テロという概念は厳密なものではなく、１つの定義に固執しても得られるものは多くない。しかし、最も一般的と思われる定義をあえて示すなら、「国家や非国家集団や個人による、政治的な主張を進めるための、主に武器を用いた、非戦闘員に対する脅迫行為や、財産に対する侵害や、死に至らしめる攻撃」ということになるだろう。

しかし、テロと呼ばれるものすべてがこの定義どおりというわけではない。たとえば、生体解剖学者に対する自動車爆破テロは、科学者を殺すのではなく、同じ立場にある他の人を怖がらせることが主な目的となっている。

この定義は、通常の軍事行為かテロ行為かを判別し、大部分のテロ活動を説明するのに有効であるが、問題のありそうな具体的な行為の本質について真剣な議論をかわしたときにその不透明さが露見する。

たとえば、１９４５年の連合国軍によるドイツ東部の都市に対する無差別爆撃（ドレスデン爆撃）が国家によるテロ行為なのかどうかを考えてみよう。もしその目的が、戦争を終わらせるためにドイツ国民をひどく怖がらせようとしたものだったとしたら、答えは「イエス」だ。

しかし、もしその目的が供給ラインを破壊しドイツ軍を戦闘不能にするためだったら、市民への影響が甚大だったとはいえ、答えは「ノー」である。ただしこの事例は、正当化できないようなテロ行為とはやや異なるものである点は注意が必要だ。ただ単に不当なだけのテロ行為は、たとえそれが戦争下であっても正当化することはできない。

とはいえテロ行為において注目すべき点、そしてほとんどの人がテロは残酷な行為だと感じているのは、戦闘に直接関係のない人を「死に至らしめる」行為についてである。ここまではテロの意味・定義について簡潔に論じてきたが、ここからは非戦闘員を死に至らしめることについて考えてみよう。

帰結主義的の下では、テロが認められるか

「政治的な主張を推し進める手段として、非戦闘員を死に至らしめるテロ行為に正当性は認められるか？」

テロ行為の問題をこのように表現すると、それは「手段と目的」に関する道徳の問題となる。

たとえ何らかの望ましい結果をもたらす可能性があったとしても、常に間違った行為とされるテロという手段を選ぶことにどのような問題が伴うのだろうか？『崇高な目的は野蛮な手段を正当化するか？』で「手段と目的」の限界について述べたが、ここではさらに、「何が限界なのか？」について説明していこう。

この問題に対し、「帰結主義」の立場から取り組んでみよう。道徳理論としての帰結主義の特徴は、行動の良し悪しを純粋に評価する点である。帰結主義の理論はいろいろな形があるが、それを分類する1つの方法は、肯定的なもの（肯定的帰結主義）、否定的なもの（否定的帰結主義）、その間にある混合のもの（混在型帰結主義）、という分け方である。

肯定的帰結主義は「善いものを最大化する」ことを目指す。最もよく知られているのは、ジェレミー・ベンサム（Jeremy Bentham）の功利主義だ。ベンサムにとっての最善とは、幸福を増進することであり、「最大多数個人の最大幸福が、ものごとの善し悪しを測る基準だ」と言った。

否定的帰結主義は、「悪い結果を最小限に抑える」ことを目指す。「人々を悪い生活から遠ざけ、悪い生活に陥ることを止めるために、私たちは、理性的な方法で取り組まなければならない」と、ホンデリックは自身の著作である『人間性の原理』の中で述べている。

混合型帰結主義は、善を最大化し悪を最小限にするという両方の要素が組み込まれたものだ。これは、ベンサムの功利性の原理である量的功利主義（快楽を追求し苦痛を軽減する）と、ジョン・スチュアート・ミル（John Stuart Mill）の質的功利主義（快楽の種類による質的な充足を重視する）とによって完成したものであり、「行為は、幸福を増進させようとすると正しくなり、幸福を後退させようとすると間違ったものになる。そして幸福とは、快楽があり、苦痛がないことだ」としている。

驚くべきことかもしれないが、肯定的帰結主義でも否定的帰結主義でも、テロ行為を正当化することが可能である。

たとえば、民間人に対する殺人テロが、パレスチナ人を厳しい生活から解放し好機を与える合理的な手段であれば、否定的帰結主義の立場からその行為は正当化されるだろう。肯定的帰結主義者のベンサムにとっても同様で、テロ活動が「最大多数の最大幸福」の実現に貢献する場合、その行為は道徳的に正しいことになる。混合型帰結主義の考え方でも、より多くの幸福をもたらし苦しみをより軽くすることで、平和的な抗議行動などに取って代わるものとして正当化され得る。

もし「罪のない民間人を殺害することは間違っている」といった義務論の立場をとるのであれば、どのような状況であってもどのような判断を下せばよいかを簡単に知ることができる。しかし、なんらかの行為の直後の様子や、簡単には予測できない結果について考えなければならない帰結主義の立場をとった場合、選択肢ごとに起こりうる影響をすべて予測するという困難な局面に陥る。

結論がことの成り行きに左右される中で、テロ行為が他の選択肢よりも良い結果をもたらすのだという十分な根拠を示すことはできるだろうか？

２００４年３月11日に起こったマドリードの爆破事件を例にあげよう。この事件では、１９１人の罪のない一般市民の命が奪われ、その後スペイン政府がイラクから軍を撤退する意向を示すことになる。イラクにおける西側諸国の軍事行動に反対するという観点からすると、この行為は大成功と言える。その日の爆破で生命を奪われた人の数より多くの罪のない命が救われたと、アルカイダは主張するだろう。

帰結主義者のやり方そのままにテロの道徳性を評価しようと、利益と損失の計算を行ない、利益が勝るとなったときには、テロ行為を正当化せざるを得なくなる。

最低限の原則

帰結主義の考えによって正当化されてしまう受け入れがたい行為は、テロリズムだけではない。道徳のそろばんで善悪の足し引きを行なえば、多くのものが正当化されてしまう。そのためには、1人、または少数の人々に深刻な危害を加えることによって多くの人が救われるような状況を用意するだけで十分である。たとえば、私的制裁（リンチ）、拷問、強姦や他のぞっとするような行為が問題を解決する手段として求められているとしたら、残念ながら、それらの恐ろしい行為を「正当化しない」ことはできなくなるはずだ。

帰結主義者はこういった反論には慣れたもので、最低限の原則があるというのが標準的な回答である。

帰結主義のほとんどは、行なってはならない行動を禁止するための根拠を示すものであり、行なって良いことと駄目なことを示してくれる。しかし、これによって道徳的な判断を下すことは難しく、危険でもある。ゆえに、仮に原則を破らなければならない場面が生じたとしても、最低限の原則に従う必要があると言うのだ。

最低限の原則が必要である理由の1つは、予見不可能性である。行動は、意図されたものだけではない予期せぬ結果をもたらすものだ。そしてまた、圧倒的に悪い結果になるであろう行動があれば、それを避けなくてはならない。つまり、テロ行為がより大きな善を獲得するために行なわれても、それがうまくいかないかもしれない。しかし、酷い危害を生み出すことは確実だ。このとき、テロ行為は避けられるべきものと判断され得るだろう。

この種の議論は、国外の紛争に対する第三国の軍事的介入に対して非常に有効である。そのような行動は不幸な結果に終わりがちだと歴史から学んでいるが、将軍や政治の指導者たちは、ものごとがうまい方向へ進んでいるのだと言って反論するものだ。実際は、過去に成功した例や有効な政策や行動が存在し、介入が一番善い結果をもたらすように見えたとしても、それらが間違っていたときの確実な犠牲を考慮すると、そのような行動をとってはならないのである。

最低限の原則が必要となる2つ目の理由は、人間性についての仮定や事実を踏まえたものだ。私たちが道徳的な決定を実際に下す際に、行動から生じるすべての影響の大きさを算出することはないし、できない。このことは、善い常識と習慣を持たざるを得ないことを示唆する。善い意思決定をするためには、状況に応じた許容範囲を探索するよりも、ある行為は常に間違っていると思うようにする必要があるのだ。

習慣や社会規範が私たちの選択に与える影響を過小評価してはならない。拷問を行なう可能性を生まないために、私たちは特定の行動を禁忌としている。しかし、もし私たちがその禁忌を放棄したとすると、おぞましい一連の行動が実現可能になってしまい、感情的に混乱した状態からか、あるいは悪意からか、悪い考えと行動が起こる可能性が増すだろう。

正当化され得ないような酷いことが引き起こされてしまうかもしれない。多くの人々はこのような理由から拷問の正当性に反論する。理論上は拷問が許されるような状況があり得るのかもしれないが、だからと言って特定の状況下であれば軍人や諜報部員に対して不当な拷問を行なうことは合法だとするのは非常に危険である。

3つ目の理由は、最低限の原則によって、行為による影響の範囲とその相対的な重要性を増幅させ、おぞましい行為を抑止することにある。最悪の結果が想像されることないまま、良い結果とのバランスがとれない行為を容認すると、その行為を実行した主体は非難されるべきだろう。

たとえば、ベトナム戦争での枯葉剤の使用について考えてみよう。森林を破壊し、ゲリラを追い出すためにアメリカによって枯葉剤が噴霧されたが、それは、数十万人の民間人を殺害し、健康被害を生じさせ、50万人の先天性欠損症まで引き起こした。

善い結果がもたらされる以上のより深刻な結果がもたらされたのだ。もし仮に、枯葉剤の使用量がもっと少なく、被害を受ける人が少なかったとしても、同じく重大な結果であることには変わりない。

こういったことの影響は、被害者だけでなく加害者になり得るどの人にも降りかかる。何か本当に酷いことをする可能性を考えること自体、道徳的に人格を蝕むのである。

テロ行為が正当化されるかどうかを突き詰めて考えることは難しい。1つの行為であってもさまざまな影響下にあり、その帰結が他よりも深刻であるかどうかを同じ尺度で測ることはできない。

たとえば、痛みについて考えてみよう。つらさの程度が同じ痛みが、自然の疾患によって10人の人に引き起こされることは、殴られた1人の人が痛みを感じることよりましなことだろうか？　思うに、多くの人々が、前者のほうがましだと言うだろう。

また、もし選択肢があるのだとしたら、よりひどく苦しむことになったとしても、他者が苦しむより自分が苦しむことを望む人も多い。ある意味、意図的に与えられた痛みは、自然に引き起こされた痛み以上のものだとみなされるのだ。

人間にとって何が善くて何が悪いかについて考えるときには、私たちにとって何が大事か、どのように感じるか、私たちの幸福にどのような影響を与えるかを考察しなければならない。

以上が、帰結主義の枠組みで示される議論である。

しかし実際のところ、これらの議論は、他の理論によって提示されたものとして広まっている。特に、人格や習慣の重要性を強調し、主観的な幸福よりも人間の繁栄を必要とする、美徳や善にかかわる倫理の伝統の中で想定された議論として繰り返されてきた。

これは、原則を道徳的理論として捉えるというよりも、必然的なものとして捉えようとしてきたからだ。そうしたときに犯す道徳的に最悪な間違いは、その原則をマスターキーのように捉えてしまうことだ。比喩的な表現を続けると、マスターキー1つで開くドアもあるにはあるが、あるものは2つ、さらにロックされているドアには3つの鍵が必要なのである。

テロリズムに立ち向かう最後の手段

テロリズムの道徳性についてどのように結論したとしても、それらに対する最も適切な反論を準備できさえすれば、テロを支持する最も強い主張を理解しておくことには価値があると、私は思っている。

使われる言葉に不正確さがあると、テロが正当化されたと決めつけられてしまいかねない。南アフリカ共和国がまだアパルトヘイトの下で統治されていた時代、アフリカ民族会議による財産への侵略についてそれを擁護する哲学者がいる一方で、致死的なテロ行為を擁護するのは非常に難しいことだった。

テロを擁護できないというこの判断は、主に2つの点に依拠するだろう。第一に、そのような行為が人間の福祉にとってどれくらい利得をもたらしたかという事実の評価。第二は、その行為の直接的な結果とされる範囲を指定することが可能かという問題である。

もし、いかなる行為も人間の福祉を向上させる限りにおいては正当化されると考えるならば、私はいくつかのテロ行為はこの見方にかなうかその可能性があると考えている。

したがって、テロ行為を何があっても正当化しないようにするための最も望ましい反論は、テロ行為の実質的な有効性に対して異議を唱えるのではなく、人としての品格や、社会で決して許されないこととして有害性を訴え続けることである。道徳のそろばんをはじいて善悪の大小を計算するのではなく、私たちの行動、習慣、品格と社会の間の相互作用という、より不明瞭な見取り図のなかで熟考する必要があると言える。

家族や友人を優遇すべきか？

ひいきをめぐる倫理的態度

「すべての人の利益が平等に扱われるべきだ」という功利主義的な見方と、「もしあなたが何らかの方法で世の中を改善できるなら、あなたにはそれを実行する義務がある」という考えからすると、私たちが友人や家族に対して行なう優遇措置は、道徳的に問題ではないだろうか？

その一方で、利益を最大にする義務がある、という道徳について も考える必要がある。道徳が、他者に対する自然な共感、相互協力の必要性、あるいはその両方の組み合わせによって生まれるとすれば、愛情や相互協力が近しい人たちに対してより一層深くなることは理にかなっている。

親は我が子を良い学校に入学させるためにはどんな苦労も惜しまない。定員が限られていれば、他の子供を犠牲にしてでも我が子を入学させようと考える。彼らが、我が子と他の子供のどちらがその席にふさわしいかを、自らに対して問うことはあるだろうか？　おそらく、それはまれなことだろう。

学校に対して、すべての入学申請を平等に扱うことや、入学者の家族の財産や地位を理由に特別な優遇措置を取らないことを学校に求める一方で、入学のために通学区域を移ることができる財産的な特権を利用したり、試験の成績を押し上げるために個人的にお金を積んだりすることもある。もちろん、この種の親のひいきを正当化する必要はない。

命の選択：どちらを助ける？

スーザンは、12歳のヘンリーと、8歳のコニーを愛する母親である。彼女は昔、リチャードという3歳の息子をお風呂で溺死させてしまい、悲しみに沈んでいたときがあった。彼女の親戚にとっても、この時期はたいへんつらいものだった。

スーザンの義理の兄の妻がガンで亡くなり、義理の兄が出張している間、スーザンは甥のマークの面倒を見ることになった。当初、ヘンリーと同じ12歳のマークを預かることは、そんなに難しいことではないはずだった。

しかし日を追うごとに、ヘンリーが凶暴で、ときに加虐的な行動に出ることにマークは気が付いた。ヘンリーは隣人の飼いイヌを殺したり、いたずらによって車の衝突事故を引き起こしたり、スケートの途中で妹のコニーを氷上に置き去りにしたりした。徐々に、母親であるスーザンも息子ヘンリーの本当の姿を知るようになり、リチャードの死は事故ではなく、ヘンリーが殺したのだと気付かされる。

この物語の終わりがどうなるかは、ぎりぎりまで分からない。ヘンリーは自分が精神病院に連れて行かれることを恐れ、逃げ出し、スーザンとマークが彼を追いかける。ヘンリーがスーザンを崖から落とそうとする最終局面で、しばし取っ組み合いが続いた。やがて、ヘンリーとマークの2人が崖から落ちそうになり、スーザンが両手を使って2人の落下を食い止め、実質的な命綱となる。スーザンはいつまでも両者を支えることはできない。どちらかの手を離さなければならない。それはマークなのか？　それともヘンリーなのか？

幸いなことに、この話はフィクションである。イアン・マキューアン（Ian McEwan）によって書かれた小説を原作とする1993年に公開された映画『ザ・グッド・サン』のあらすじである。

結末が少しわざとらしいとしても、ここで浮上した根本的な問題は極めて現実的だ。スーザンの究極の選択における苦悩は、道徳的義務の衝突が原因だ。客観的に見ると、マークが救済されるにふさわしいと考えられる。しかし一方で、スーザンはヘンリーの実の母であり、「親の務めとは、我が子に無条件の愛を捧げ、どんな状況に追い込まれても我が子を守り、我が子の味方になることである」と信じる人たちからは、ヘンリーを助けるべきだという意見があがる。

この状況は悲劇的だ。スーザンはどちらを選択したとしても、酷い行為を行なうことになる。彼女は親として失格となるのか？　あるいは無実の人（マーク）を殺そうとしていた人（ヘンリー）にかわって、その無実の人（マーク）を死なせてしまうのか？　現実にはこれと同じようなジレンマが多種多様に存在する。本章の最初に取り上げた入学資格を競うという場面もよい例だ。

次に、子供が深刻な病気を抱えている場合について考えてみよう。ほとんどの親が、財布が空になるまで、もしくは借金をしてでも我が子を救おうとする。しかし、彼らが冷静になって、

「これは200万ポンドの費用を必要とするが、それは発展途上国において300人の命を救うことができるだけの金額である」と考えることはあるだろうか？　そして、「私たちの子供の命は、他の子供の命の300倍もの価値があるだろうか？」と客観的に問うことはあるだろうか？

このような考えを、心に抱くことも話題にすることもないのは、多くの人々がそのような考えは根本的に不道徳であると思っているからだ。我が子の命の価値は測定不能であり、他の子供の命と交換することはできないと考えている。

それにもかかわらず、現実の道徳のシステムはどれもこれも、万人の利益は平等であるべきだということを基本原理としている。これは家族や友人、また、自分自身に対する優遇措置とますます深く対立することになるのではないだろうか？

1人を1人と数えなさい

他者を差し置いて特定の個人に対して優遇措置を行なうことを問題視する考えは、「どのような状況においても正しい行為を実行するために、最大多数の最大幸福を目標に掲げること」という功利主義の道徳的立場だといえる。功利主義はその論拠にいくつかの異なる解釈があり、最も一般的には幸福、繁栄、満足の優先と解釈されている。「すべての者を1人と数え、誰も1人以上と考慮されることはない」というジェレミー・ベンサム(Jeremy Bentham)の言葉のような道徳観が求められている。

ここで意味されていることは、人は他者の利益を自分の利益のように平等に扱うべきであり、それに応じて行動しなければならないということだ。

小さな枠組みにおいては、ルカによる福音書3:11の「下着を2枚持っている者は、持たない者に分けてやりなさい。そして食べ物を持っている者も同様にしなさい」という原則に従うことになる。まったく縁もゆかりもない人が、あなたが購入しようとしている10ポンドのワインよりも多くの利益を生み出すことができるとすれば、あなたは彼に10ポンド渡さなければならない。

より大きな枠組みで考えると、1軒の大きな家を購入するのではなく、2軒の小さな家を購入して、そのうち1軒を安い家賃で収入の低い家族に提供することにすれば、多くの利益を多くの人に分け与えることとなり、個人的な現況は悪化するかもしれないが、そのように行為すべきだということになる。

この考えは私たちに多くを求め過ぎている、として反対する声も多い。収入の低い家族がさらに小さなアパートに引越し、余ったお金を発展途上国の学校や病院を建てるために使うことだってできる。もちろん、彼らの生活状況は悪くなるけれど、みじめにはならないだろう。彼らにはまだ医療保険があるし、子供は学校に行くことができる。それに比べ、他者が得るものは莫大であり、この方法を採用することによって人類の幸福を大きくすることができる。しかし、どうすればこのような分別のある自己犠牲を実行できるのだろうか？

人はなかなか自己犠牲的にはなれず、道徳の求める理想からは程遠いのが現実かもしれない。歴史を振り返ってみても、社会全体が女性の権利を尊重することができず、肌の色の異なる人々を平等に扱わず、奴隷によって生み出された富によって生計を立てる、といった類いのことが行なわれてきた。

また、現在私たちは、未来を生きる次世代のために環境を保護する義務をまっとうできずにいる。

功利主義の下で優遇措置を成立させるには

優遇措置の是非について結論を下すことは難しい。なぜ結論に至らないのか？　功利主義を使って説明すること、あるいは、功利主義の基本原理を疑うことから始めよう。

功利主義の内在的な価値について私たちが把握する必要のある最も基本的な事実は、他者との人間関係を含む個人的な状況を無視してまで、平等に扱うことが求められているわけではないということだ。

子育てがその良い例である。何が10歳児にとって最も好ましいことだろうか? ここで、最も子育ての心得がある人物によって行なわれることが良いことだ、と単純に答えることはできない。親が特に悪質である場合か、あるいはうまく暮らしてはいけない場合を除き、ほとんどの人々が、その子の誕生に立ち合い、乳児期から育ててきた人によって引き続き育てられることが最も好ましいと考えるだろう。

私たちがすべての人に対し同等に接しているわけではないのは、当たり前の習慣として、誰もが他者から同等に扱われることを好むわけではないからである。自分に近しい人が、個人の結びつきの本質的な大切さを重んじることを突然やめ、赤の他人のために飲み物やプレゼントを買うようなことを、私たちは本当に望むのだろうか?

一人ひとりの利益を同一のものとすることが、万人の利益を最大化する最善の方法だという考えはもっともらしいが、実はそれは表面的なものに過ぎないのだ。そうすることは、理想的な世界を創造するどころか、最も大切にすべき他者との関係とその重要性が失われた、疎外感に満ちた人間味のない世界を創造してしまうのだ。

それゆえ、客観的には1人を1人と数え、誰も1人以上と考慮してはならないが、主観的には、他者と特別な関係を築き、ある特定の人物をその他の人々よりも重要視するという、ベンサムの考えを反映した啓蒙主義的な功利主義という立場が登場することになる。万人にとって最良であるために個人の状況やそれぞれの関係を配慮する必要があり、すべてを同等には扱ってはならない。

しかしこれは、たとえどのような境遇であろうとも友達や家族を一番にする権利を与える、という意味ではない。その他の多くの人々の幸福を最大化することが可能である限りにおいて優遇措置が正当化される。公的な機関の設置や判決において家族に対する優遇を許すことは、特別扱いを許容することであり、良い影響よりもはるかに大きな悪い影響を与えることになるだろう。

これが功利主義に抵抗する方法の1つである。これでもやはり功利主義は、過激なことを私たちに求めているように思える。

目の前の人を大切にすること

家族、友達、見知らぬ人を同等に扱う必要があるとする功利主義の議論に対抗する2つ目の方法は、幸福を最大化するためには非個人的で抽象的な義務がある、という考え方を否定することである。

私たちには、他者との相互作用や人間関係から生じる義務があると考えるのだ。私たちの行為が危害を加えるものでない限り、私たちと関わりを持たない人々は文句を言わないだろうし、私たちには彼らへの義務もないということだ。

ホームレスを例に考えてみよう。同じ場所にただ座ってうなだれているだけのホームレス。私は彼の人生について何も知らないが、おそらく彼は挫折を経験していることだろう。彼の現状に対してどれくらい非難されるべき部分があるかはまったく分からないが、このような不運に見合うほど酷いことをしたとは思えない。

彼が今より良い人生を送ることができれば、世の中はより良い世界になるだけではなく、より公平な世界になることだろう。彼を助け、人生を改善し、公平な世の中を作る義務が私にあるのだろうか？

いや、そうはならない。より良い公平な世界のために何かをするべきだということは、私が行動を起こす義務とはならない。もっと多種多様な方法で世界を改善することができるのであって、必ずしもあなたが他者に貢献する義務を負う必要はない。

では、世界をより良くするために、何かに貢献する義務があるという見方は間違っているのだろうか？　これはもっともらしく思えるが、私たちにそのような義務があるわけではなく、それが抗しがたく義務であることを正当化するのは難しい。

『道徳に黄金律は存在するか？』で黄金律について述べたような、目的を設置する試みや合理的な一貫性における公平な道徳的義務を考えていくことで示せるのだろうか？

純粋理性（経験的なものが一切混入していない、人間が先天的に備えている理性）は、道徳の根本原理というだけでなく、他の原理とともに、「なぜ私たちが友達や家族を優遇することが正しいのか？」ということを説明するのに一役買っている。たとえば、倫理学の根本原理として「感情移入」を考えるのが道徳哲学の伝統だ。アダム・スミス（Adam Smith）著『道徳感情論（The

Theory of Moral Sentiments)』の一説によると、

どれ程利己的に見えようと、人間の本性には、他人の運命に対して関心を持ち、他人の幸せを求めるいくらかの原理が明らかに存在する。そこには、それを見る喜び以外に何もない。私たちがしばしば感じ取る他人の不幸からの悲しみは、そのことを証明する明らかな事実である。

道徳の一般的な概念は、デイヴィッド・ヒューム（David Hume）やフランシス・ハチソン（Frances Hutcheson）、シャフツベリ伯爵（Lord Shaftesbury）によって発展してきた。それは、「私たちが他者の立場になって、彼らの悲しみや苦痛というある種の感情を起こし、それに対して何かしなければと動機付けられるような、それ以上でもそれ以下でもない天性の能力を基盤としている」と言う。

これは論理的な原則を生みだす理性的な認識ではなく、利他主義への動機を生成する感情的な認識なのである。もちろん、理性が重要ではないということではない。理性は、私たちの洞察力が正しいかどうかを確認し、最適な行動指針を助言したり、さらに、純然たる見解だけでは見つけることのできない、世の中に必要とされていることの変化を見るという重要な役割を果たしている。

この道徳が倫理の源泉であるならば、ただ本を読んで知った人や道ですれ違った人よりも、親しい人に対して感情移入することは極めて自然なことだ。ただし、より自然であるということと、正しいということは同じではない。

感情が道徳にとって非常に重要なものなのだとすると、道徳的な感覚を感情とともに働かせることで、道徳観をさらに養うことができるはずだ。逆に、義務感について純粋に理知的な思考を優先させていくと、道徳観は錆び付いてしまうだろう。ここに、他者の幸福を思う論理的な責務について考えずに衝動的な行動をとる理由や、友達や家族をひいきする直観を生成する認識能力の一部分が見えてくる。


優遇措置を許容する倫理を確立するもう1つの方法は、私たち人間が「社会で協力し合ってきたこと、お互いを尊重し合ってきたこと」を理解することだ。これは、「私たちの祖先である石器時代の狩人や木の実を集める人の一体どういうところが、彼らの適応度を高めることになったのか」という観点から、人間の社会性と必要性を検討する進化心理学の重要な特徴である。そこでは、典型的な道徳観が登場するさまざまな理論が提示されている。

たとえば、誠実さは必要不可欠なものであり、さもなければ他者と共に働くことは不可能だと言う。どのような状況に置かれても他者に対して良く振舞う「ハト」、あるいは常に他者を食い物にしようとする「タカ」のどちらでもなく、相互の慈愛が大切なのだ。

また、自己犠牲によって近しい親族が生き残り、遺伝子をつないでいくことができるなら、自己犠牲をも行なう価値がある。

倫理の起源が「協力」であるとすると、最も協力し合うことになる人々に対して、最も強い倫理的義務感が向けられることになる。このような相互依存の関係の中にひいきが存在し得ることは、ごく自然なことだ。

進化倫理学にはこういったある程度の概念装置が存在するが、時折、進化倫理学の原理である「適応度を高める」という考えでは説明できない行動、たとえば、子供を持たないという選択などをあげて、進化倫理学は間違っているという誤った思い込みをしている人々がいる。

しかし、進化の過程における道徳の起源が何であれ、基本的な道徳規範が、遺伝子の伝達による進化で到達する地点よりも豊かなものへと発展するのは間違いない。そして、倫理の起源を進化によるものだとすると、それが善である根拠を示すことは必要ではない。

過去に善意と利他的行為がどのように出現したかを説明することは、それらが現在どのように機能しているかを説明することとは異なるのだ。

成熟した功利主義に立ち返る

本章の前半を通じて説明してきた功利主義の考えでは、すべての人の利益は平等に扱われるべきであり、もし世界を何らかの方法で改善できるとするならば、その行動を起こす義務がある、ということになった。しかし、そういった過剰な義務が私たちに降りかからないと考え得るもっともな理由がある。

つまり、より成熟した功利主義の概念に従えば、最大多数の最大幸福は、家族による結束や愛情を放棄した社会においては不可能であるという理解を得ることができるのである。

これはもちろん、私たちができる限り友人や家族を優遇するべきだということではない。

次章でも議論していくが、私たちは見知らぬ人々、他者に対する義務を低く見積もりすぎているのだ。

弱者の救済は必要なことか？

必要かもしれないが、豊かな暮らしを捨てなくてもよいはずだ

ギビング・プレッジ（「寄付の誓い」の意）は、アメリカにある、裕福な人々に対して財産の大半を慈善団体に寄付するよう奨励する先駆的な団体である。フェイスブックの創設者であるマーク・ザッカーバーグ（Mark Zuckerberg）、マイクロソフトの創業者であるビル・ゲイツとメリンダ・ゲイツ（Bill and Melinda Gates）夫妻、世界最大の投資持株会社の筆頭株主であるウォーレン・バフェット（Warren Buffett）や、映画監督のジョージ・ルーカス（George Lucas）など、アメリカ国内で名の知られている億万長者が登録している。道徳上の義務のもと、富める者と貧しい者が同様に支え合うことに期待を寄せている。

慈善活動は歓迎されるものだが、一般の人々にそのように振る舞う余裕はない。裕福な人なら、全財産10億ドルのうちの90％まで寄付したとしても、手元に1億ドル残る。巨額の寄付は大金持ちに任せて、私たちは小銭を募金箱に入れたり、慈善団体に少額の寄付をするので満足したらどうだろうか？

この自己満足の思い込みに挑むべく、イギリスの平均的な収入を得ている一市民が、100万ポンドを慈善活動に寄付しようと計画を立てた。当時、彼の口座に多額の貯蓄があったわけではないが、人生を通じて寄付するには決して多くない額だと計算し、30歳のときにその目標を定めた。多くの人々の目には、この行動は必要をはるかに超えた気前の良さだと映ったが、本人にとってはそうではなかった。

哲学者であるトビー・オード（Toby Ord）は、彼の同輩の倫理学者であるピーター・シンガー（Peter Singer）が提言する「大半の人々には、今以上に他者への援助を増やす義務がある」という、この例のような行動をとるべきだとする論理に賛同している。

ここで、無情な現実を教えよう。ヨーロッパ諸国ではそれぞれの国の富の5分の1から3分の1を所有する上位1％の裕福な人々に対して、それ以外の99％の人々からの抗議活動が巻き起こっている。しかし、世界を全体と考えたときには、抗議者の多くが上位1％に、そして、ほぼ全員が上位5％に含まれており、この抗議はいささかおかしい。

「私は学生時代に1万4000ポンドを稼いだ。そして、自分が世界で最も裕福な4％の中に含まれると、そのとき知った」と、オードは2010年にBBCで語った。また、「財産の10％を寄付しても、私は自分がまだ上位5％にとどまる」「イギリス人の少なくとも半数は、どれだけ寄付できるか真剣に考える余地があると思う」と語った。

世界人口の約半数が1日2・5ドル以上使わずに生きられるのだから、私たちの大多数は今より寄付を増やしても快適な人生を楽しみ、比較的裕福でい続けられることになる。

ところで、寄付の必要性はどこにあるというのだろうか？

弱者を救い、慎ましく暮らせ

世界中の貧しい人々への援助を積極的に行なうべきかどうかの判断には、責任と義務の区別が関わってくる。

発展途上国に振りかかる災難の多くは先進国が引き起こしていることが、援助を行なう根拠であり、さらにこれには責任が伴うという主張もある。この主張は、人々に異なる影響を与えるようだ。

罪の意識から援助を増やさなければと考える人もいれば、「罪の意識を植え付けられた」ことに憤り、「感情を操作される」ことを拒否し、以前にも増して援助に消極的になる人もいる。しかし、道徳上の観点からこのような議論を進めるときには、感情を第一に考えるべきではない。

起こってしまった問題の責任の所在を示さずに義務を成立させようという試みもある。罪のない傍観者にも、介入する義務があるというのだ。オノラ・オニール（Onora O'Neill）は、1人の人が溺れているときに、私たちが十分なスペースと食料のある救命ボートに乗っているという状況を提示した。また、シンガーは、池で子供が溺れている状況を提示した。その上で彼らは、私たちに他人を危険から守る責任があるという訳ではないが、命の価値はとても尊く、小さな犠牲を惜しんでそれを救わないのはあるまじき行為だと言う。

発展途上国における予防可能な病気の発生や、衛生不良によって引き起こされる多くの死は、この原則に当てはまるのだろうか？

比較的小さな犠牲で救える価値ある命というものについて考えてみよう。発展途上国で1つの命を救うには650ポンド（約1000ドル）程の費用がかかる。

2011年に、イギリスの一般家庭では休暇や週末に318ポンドを費しており、そのうちレストランでの外食に754ポンド、テイクアウトと高級食材に772ポンドを費やしていた。彼らが節約をするだけで、一般の中流階級の家庭から毎年、発展途上国の何人もの命を救うのに十分な寄付が可能となる。小さな犠牲を払うことで救命行為が成し遂げられるなら、溺れている人々を助ける思考実験の例と同様に、人命を救う義務があることにならないだろうか？

家族や友人に対する優遇措置について論じた『家族や友人を優遇すべきか？』で見てきたように、功利主義では、個人の「効用」（福祉、幸福や最大の善と認識されるもの）が全体の幸福とつながっていると言われている。

これが真実ならば、あなたが持つ2ポンドをアイスクリームを買うために使うべきか、あるいは発展途上国で人々の命を救える薬品を買うために使うべきかということの答えは明らかだ。医薬品は、アイスクリームよりもはるかに効果的に生命にとっての効用が高いものだ。おいしいアイスクリームやワイン、お洒落なズボン、劇場のチケットなど、あなたが買うものの大部分はあなたの生存にとって必要がない。そうすると道徳上は、「基本的に贅沢することは許されない。慎ましやかに暮らす生活費用以外の富は他者に与えるべきだ」と非常に極端で厳しいことになる。

注意してほしいのは、慈善事業にさらに多くの寄付をするべきだという主張は、功利主義の前提を受け入れることとはまったく関係がないということだ。そもそもは、命を救うために払う犠牲が少ないときにはそうする義務があるという主張だった。

途上国にいる弱者を救わなくてよいという根拠を示す責任は、十分に行動していない人たちにある。

人間性を共有する限り、救済すべき

目の前で死にゆく相手は確かに救わなければならないが、何千マイルも離れたところで死ぬ相手はそうではないという反論がある。苦しむ人を間近に見ることは、遠くで苦しむ人をただ想像するよりも心理的に影響が大きいという事実は、心理学上非常に重要である一方でしかし、道徳において距離が重要なのかどうかは、はっきりしない。

殺人犯は、遠隔操作によって人を殺めたからといって刑が軽くなるわけではないし、世界の裏側から電子的に窃盗をしたとしても、それはやはり窃盗である。地元の池で溺れている人を助けるかのように、私たちの行動の結果がもたらす効果を期待しつつ発展途上国の人の命を救うことは可能なはずだ。

慈善事業への寄付が適切に使われているか確かめる術がないので、寄付の有効性もわからないと反論する人もいるだろう。

確かに、寄付は現場の状況を悪化させることに使われる危険性をはらむ。地域共同体を弱体化させ、堕落した役人の懐に入るなどということもしょっちゅうだ。この異論を軽んじてはいけないが、原則ではないことにも留意しなければいけない。これは、援助が必ずしも人命を救うものではないという事実に基づいた1つの主張なのだ。だからこそ、慈善事業に懐疑的な人たちが、援助が素晴らしい成果をあげたと認めることもある。

この反論について言えることは、寄付するべきではないということではなく、寄付する相手には十分気を付ける必要があるということだ。GiveWellやCharity NavigatorやPhilanthropediaといった慈善事業の有効性を評価するウェブサイトが複数存在するので、注意を払うことは決して難しいことではない。

『家族や友人を優遇すべきか?』で述べた通り、道徳や義務では、距離ではなく関係性が重要だ。道徳上の義務は個人だけのものではなく、相手との社会的、家族的なつながりによって差がある。

たとえば、私は自分の子供たちに教育を受けさせる責任があるが、あなたの子供たちに教育を受けさせる責任はない。私は自分の妻が重い病を患っているときに側にいるべきだが、あなたの母親が同じ状況にあるときはそうではない。地域共同体のメンバーは、何マイルも離れて暮らす人のためにではなく、自らの公共空間をより良くするために寄付するべきだろう。

どうもこれらは共通の認識のようであり、『家族や友人を優遇すべきか?』ではそれを支持するいくつかの根拠を述べた。繰り返しになるが、私たちが特定の相手に対しては義務を持ち、それ以外の人には持たないのは事実だ。

さらにもう1つ、見知らぬ人たちに対する義務というものが存在する。たとえば、救命ボートの事例では、溺れている人の出身がイギリスのイズリントンだろうが、パキスタンのイスラマバードだろうが関係ない。緊急事態では、その現場で人間性が共有されていることが相手を助ける義務を生むことになる。

「私たちがどれだけ援助を増やしたとしても、自分の行動の影響力など小さなものだ」という反論についてはどうだろうか？

これに対しては、心理学的な説明をするほうが良い再反論となるかもしれない。人間は論理性だけというわけではない。他者を助けることは深い感情からの衝動であり、理性よりも共感に基づいている。強い感情的な引力がなければ、自己犠牲の行動は生まれ得ない。これが必ずしも正しいというわけではないが、義務についての説明にはなる。

理性という冷静で複雑な筋道によって他者をもっと援助するべきであるとしながらも、この感情からの義務を覚えておく工夫が必要だ。たとえば慈善事業においてことあるごとに心の琴線に触れ、義務を喚起させる感情を伴うリマインダーがあると良いかもしれない。あるいは感情というのは、私たちに理性的な行動を起こさせる装置となり得るだろうか。

原因を作ったのだから、責任がある

弱者の救済に関する別の視点として、人々が苦しむ原因の大半を作ってきたのが私たちだからこそ、私たちには助ける責任がある、というものがある。この議論の前提には、利害は衝突するものであり、経済活動は全員の利得の総和がゼロになる「ゼロサム・ゲーム」だという信念がある。

この考えによると、1人の人は別の貧しい人の犠牲によってしか裕福になれない。だが実際は、豊かさは全体の成長により得られるもので、その中には犠牲以外に効率という概念が含まれている。1軒の家を建てるのと同じ速さと費用で2軒の家を建てられるようになると、それは2倍の生産が可能になるということであり、他者の犠牲なくして財産を増やすことができる。

このように、発展途上国の貧困という代償とは別のやり方で蓄えられた富もあるはずだが、世界的な取引システムは基本的に貧しい者に不利で、公平さに欠ける。鉱物や原油のような資源が安い値段で発展途上国から絞り取られることで、途上国は経済活動の機会を奪われてきたのかもしれない。

やはり、援助や貿易などを通じて発展途上国に行なってきた行為について釣り合いをとる必要があるだろう。この責任を、特定の個人に押し付けるのは難しい。何年も前に私たちの国が犯した罪の責任は、私やあなたにどれだけのしかかるだろうか？　この問いかけは、現在の私たち個人の責任、発展途上国の不幸に対する責任の所在を尋ねるものだ。

思考実験をしてみよう。経済的な弱者である知人があなたを訪ね、24時間以内に高利貸しに

10ポンドを返済しなければ、ひどい目に遭うのだと言う。ちょうどあなたは、庭に大きな穴を掘ろうとしていたので、「これから1週間、穴を掘り続けてくれるならお金をあげるよ」と言う。これは道徳的に許されるだろうか?

これは不道徳な提案だろう。知人の窮状を利用して、できるだけ少ない報酬で働かせようとするのは正しくないことだ。

しかし、これこそまさに、私たちが世界的な供給プロセスの末端にいる数多くの労働者に対して行なっていることである。費用をできるだけ抑えるために、より良い選択肢のない労働者を劣悪な条件でわずかな報酬で働かせるのと同じなのだ。

先程の議論と同様、思考実験と国際的な取引では距離によって感じ方に違いがあるだろう。この事例では、私たちは生産者と間接的にとはいえ取引関係があるため、生産者たちと無関係だという意見に与することはできない。そのように主張したところで、労働者に直接報酬を払うのは私たちではないのだから、責任は輸入業者にあるという責任転嫁の言い逃れにしかならない。

奴隷を酷使する業者と契約を交わしたら、自分が奴隷を所有しているのと同等のことをしていることになるはずだ。それは、殺し屋に人殺しを依頼することが、自ら殺人を犯すのと同罪であるのと同じだ（フェアトレードの倫理をもっと知るには、『自由市場は公正《フェア》か？』を読んでほしい）。

発展途上国に暮らす生産者を私たちが不当に扱っているという結論を退けることは困難である。この不平等がなくならないのは、道徳的な正しさではなく、私たちの心理的な弱さが原因だ。個人個人がこういった事例について熱心に議論し、ある程度まで自分の行動を改善することはできるだろうが、すべての衣料品や食品の生産者を確認するのは困難だ。

この弱さは、言い訳にはならないが説明にはなる。ただしここでの議論が正しいとしたら、次の世代が私たちの世代が行なったことを振り返ったとき、それはひどく不道徳な行為だったと判断するだろう。

「生存する」ではなく「生きる」

救済の義務についてのここまでの議論には、ものに囲まれた豊かな人生への望みを誰もが持っているということが欠けていないだろうか？

みじめなほど貧しい者は苦境から脱したいと願う。最低限の水準で暮らす者は、他者に手を差し伸べるためではなく、彼ら自身が富める者のように素敵なことを楽しみたいと願う。生きるのに不可欠なもの以外にお金を使うことは、間違いではない。

もちろん、世界中の貧しい人々を助ける行動を私たちの大半がしていないという主張は強く、反論できない。残念ながら、この主張の正当性を疑う余地もない。

しかし、私たちが快適さを望むときになぜ倫理学を意識しなければいけないのだろうか？　行動を正当化することではなく、より良い行動が何かを示すことが倫理学の役割ではないだろうか？

その意味で、国際的な不平等の事例、貧富の現状は、これからの良い行動がどのようなものであるか、その道筋をはっきりと示している。

法と道徳の関係とは？

矛盾を抱えながらも実際的薬事法を例に

道徳と法律は多少なりとも関係があるというが、両者の結びつきを強固なものにするのは容易なことではない。間違っていると考えられることが違法ではなかったり、間違いではないと考えられることが違法とされていることも多い。

そして、違法なことなのに保留されたままのものもある。このように、道徳的に正しい事象と合法にすべき事象との関係は、非常に複雑である。これは、薬物を取り扱う場合において、特にそうである。

２００９年、イギリスの薬物濫用諮問委員会（ＡＣＭＤ）の会長を務める政府の主任薬事顧問が、今まで認識されてこなかった「エクアジー（equasy）」の有害性について科学誌に論文を載せ、警鐘を鳴らした。デイヴィッド・ナット（David Nutt）教授が「30代前半の女性が、エクアジーの常習によって引き起こされた永続的な脳の損傷によって苦しんでいる」と報告したのだ。この事例を詳しく見ていこう。

その女性は深刻な人格の変化を経験している。彼女は不安感を抱き、喜びに対する感受性が欠如し、短気で直情的になった。（思考や創造性を担う）前頭葉の機能低下や行動の脱抑制（エネルギーや感情を適切にコントロールできなくなること）もあったことから、人間関係においても悪しき意思決定を多く引き起こし、浅慮なパートナー選択や望まない妊娠を招いた。彼女は2度と以前のように働けそうにもない。脳の損傷によって彼女がこうむった社会的代償もまた大きい。

イギリスでは、エクアジーは珍しい薬物ではない。ナット教授によれば、「イギリス国内で、子供や若者を含む何百万もの人々がエクアジーを使用している」という。１年間におよそ10人がエクアジーが原因で死亡、エクアジー濫用の摘発件数は年間350件で、そのうち1件は深刻な被害、100件以上が交通事故に関係している。

ナット教授は、エクアジーの有害性を念頭に置き、「おそらく、エクアジーをA級薬物（イギリスでは、違法薬物を有害な順番にA級、B級、C級と分類している）として扱う必要がある。エクアジーの使用は、エクスタシー（合成麻薬の一種）の使用よりも深刻な被害をもたらす恐れがあるので、薬物濫用諮問委員会は薬物濫用防止法の下でエクアジーを管理することを推奨する」とその論文を結んだ。

なぜエクスタシーは法律で禁止されているのに、エクアジーは認可されているのだろうか？薬物政策は、法との調和がとれていない代表分野といえる。道徳的に間違ったものが合法だったり、道徳的に許容できるものが禁止されていたりという例がたくさん存在する。

この問題に対して、法を道徳と同一線上におくという明快な指針に走りたくなるものだが、真実はそれよりもはるかに複雑に込み入っている。

道徳と法はつながっている

多くの人は、不貞を働いたり友人に不必要な嘘をついたり、不当に人を侮辱したり親切にしてくれた人に対して恩知らずでいたりすることは、間違ったことだと考えるだろう。しかし、こういった行為を違法にするべきだと考える人はほとんどいない。もし政府が、道徳心を規定してしまおうとするならば、厳格な全体主義になりかねない。

政府の役割とは、国民が自由で、自治権を持った個人として共存できるようにすることであり、善い人生とは何かという総合的な視点で考えるというよりは、国民に快適な生活をさせることにある。したがって、個人の誤った行為によって、社会的共生や生命の保護に関する重大な問題が生じたときにだけ、政府は個人に対して関わりを持つべきなのである。

裏を返せば、違法なことが道徳的に間違っているわけではないということになる。道路交通法の大半がそうだ。左側通行が右側通行よりも道徳的に望ましいということはないし、駐車禁止区域が道徳的に不可侵の領域だというわけでもない。このような場合に行動を制限するのは、法律によって道路を通行可能にし、街を混雑させないために個人個人の意思決定を統一させる必要があるからである。

つまり、「道徳的に間違っている」からといって必ずしも「違法にすべきである」とはならないし、「合法にすべきだ」ということが必ずしも「道徳的に許される」というわけでもない。このことから、薬物使用の合法性については、純粋に道徳的な論点だけで解決できる問題ではないと言える。

それにもかかわらず、法と道徳の間には、つながりが確かに存在する。明らかに道徳的に不当な法律は当然、廃止される。人は、言論の自由や性的嗜好について政府から禁じられたり制限されたりすると、大いに憤慨するものだ。

「法実証主義」と「自然法主義」

法と道徳の関係について説明する2つの理論がある。1つは、法と道徳の間に必然的なつながりはないという立場の「法実証主義」である。

文化や歴史的背景などの社会基盤や、妥当性を持った社会構造が立法制度の根底にはある、というのが法実証主義の立場で、立法に際し、立法者は社会において偶発的に発生する必要性に基づいて決定を下す。正義や善といった究極的な原理から行なうのではないのだ。

法実証主義にもとづく法解釈においては、裁判官はその法律が公正または公平であるかを判断するのではなく、法に規定されている内容に従って審判する。もしその法律が馬鹿げたものであったとしても、それを改正することは裁判官の仕事ではない。

2つ目の理論は「自然法主義」である。これは、人間そのものに基づく道徳的なものが普遍的に存立するという立場をとった法律である。立法に際し、立法者は社会の現況における不測の事態を視野に入れつつ、制定した法が、便宜上だけでなく、究極的には道徳的原理から正当化できるようにしなくてはならない。

自然法主義にもとづく法解釈においては、裁判官は、法の内容・文面に従うだけでなく、その法の道徳に基づいて結論を下す。たとえば、文字通りの内容解釈では道徳の目的意識と衝突し得る場合、道徳的基盤にもとづいて内容解釈を行い、判決を下すのである。

一見したところ2つの理論には明確で根本的な大きな差があるようだが、教室の外で生粋の義務論者や功利主義者に出会うことがまずないのと同じように、根っからの法実証主義者や自然法主義者が、現実の政治や法の世界に存在するわけではない。

では、生粋の法実証主義者がどのようなものかを考えてみよう。その人物は、法について考えるときに道徳的な討論を嫌がったりはしないだろうが、法律は道徳とまったく別のものとして検討されるべきものだと主張するはずである。

ここで、陪審員裁判を取りあげよう。法の正当性が、法を正しく運用していることに依存するのであれば、陪審員は正当性の妨げとなるため、不要なものになるはずだ。なぜなら、陪審員は法律の専門家ではないため、法律の専門用語を解さない。さらに、どのように正しく法解釈がなされるべきかの理解も浅い。

それでも陪審員を立てるのはなぜだろうか？　それは重大な犯罪においては、法律の文面には最終的な決定権がないため、機械的に法律を適用するのではなく、一般人の判断を仰ぐべきだと考えられているからだ。陪審員によって行なわれる裁判でも、特定の事象が法の適用範囲に当てはまるのであれば有罪判決になる。

陪審員の価値は、判決に異議を唱えたり、法が破綻していようがいまいが、罰を受けるべきではない人を釈放したりするという選択肢を担保する点にある。つまり、法の独立や自主性を尊重しながらも、道徳的に正しいことが合法であることの根拠となるように価値基準を整えたい、という意志が反映されている。

陪審員に限らず、道徳の概念を含んだ合法性は判決を下す際に最も重視される。たとえば、警察官は、特定の違反に目をつぶり、より重い違反を厳しく取り締まるために、常に何を優先すべきか決断しなくてはならない。イギリスの公訴局長官も、国家が引き起こした刑事訴訟を優先したり、有罪判決の可能性が高いかどうかを第一に考えたりはせず、あくまで国民の利益になるかどうかに基づいて判決を下す。

これは、自殺幇助の事例とも関連してくる（『安楽死は認められるべきか？』参照）。仮に自殺幇助が合法とされる国へ、病気で苦しむ愛する人を連れて行き、手を下すことを決めたとする。そのことが自殺幇助罪として起訴されないことが、現在、イギリスでは決定されている。公共の利益のためになるかどうかだけを判断するのではなく、判決を下す上ではさらに世論、世間一般の幅広い支持を得ることが重要とされるのだ。

これらの現実の生活における例に加えて、まったくの不当な行為に対してのみ、一貫して法律が適用されると分かったとき、私たちが法制度に対して何を期待できるかということも、考えてみるとよい。現実には、時代遅れな法律が、世界各国の法令集にたくさん残っている。たとえば、アメリカのアーカンソー州では、アーカンソー州という名称を誤って発音することが違法だと言われているし、フロリダ州では、午後6時以降に公の場でおならをすることが禁じられていると言われている。今やこのような法律が本当に存在するのか疑わしいほどであるが、同様に二度と適用されないであろう馬鹿げた法律はいくつも存在してきた。

こういった規則の1つを破った人を法廷に連れだしたところで、法律に反していると主張し、その人を監獄に送るべきという判決を、誰が真面目に下すというのだろうか？

つまり、純粋な法実証主義はどこか現実離れしているのだ。

では、純粋な自然法主義者はどうだろうか？　すべての法は、最終的には道徳規範から派生して立法されるべきだと考える人を思い浮かべてほしい。気をつけないといけないのは、ここに「最終的」というキーワードがあることだ。つまり、法と道徳が接続するまでには距離があり、得てしてそれは間接的なものである。

ある国が、税率を上げ、不平等が生じるのを承知の上で福祉を削減し、さらなる不平等を招いたとする。自然法主義者の立場からすれば、法律の与える影響は短期間で見ると不当に思えても、長期的にみると国民の生活基準が改善されると主張し、正当化することができる。

どの法律も、それは国家にとっての利益で、長期的には国民にも利益をもたらすものであると言えるし、どのような法律も、道徳的基盤からその権限が派生していると考えられる。

この考えが法実証主義者から批判されるのは当然だ。法実証主義者は、法制度の正当性について追及してくるだろう。そして、正当性を求めることは一般市民にとって最善であり、利益をもたらすことにならなければならないと主張する。何が最も有益で得策なのかと、規範や価値観に訴えかけることこそまさに「規範的」立場をとる法実証主義者の意見なのだ。


したがって実際には法実証主義と自然法主義は、明確な境目のない2通りの結論を下すことになるだろう。

自然法主義者は、法や法廷によって直接的で明確な判決が正当に下されるための道徳規範が必要だと、結論付ける。

一方で法実証主義の結論においては、大半の法律関連のビジネスは道徳規範とはかけ離れた自己完結型の領域かのように扱われているが、とはいえ法律が道徳規範から独立したものだということではなく、また道徳観を議論する上で混乱が生じるような世界でもない。有益で生産性があり、首尾一貫しているものであるというのが法実証主義の結論である。

では薬物使用の場合、道徳規範と法律の間では何が起こっているのだろうか?

文化を重視し、道徳的矛盾を無視

「良い社会とはこうあるべきだ」という、立法者たちの抽象的な発想から法律が作られるほど、社会は真っさらな状態ではない。法律は、それが適用される市民からの同意を得て効力を持つことになるのであり、市民が持つ文化の価値観や現存する伝統に従わなければならない。

たとえば、集団的で社会的協調性を重んじる日本では有効な法律が、個人の自由が何よりも尊重される価値観をもつアメリカでは無効となるかもしれない。


過激な自由主義者であれば、それぞれが好きなように危険なことを選ぶ自由があり、個人の安全を脅かすようなことだからと言って禁止されるべきではないと主張する。つまり、自分自身を危険にさらすかどうかも自分次第だと言うのである。この主張に対しては、もし、薬物の使用を合法とすることで自分以外の弱者に対して本来なら避けることのできた危険が及ぶのであれば、それらを全面的に禁止したり制限したりする根拠となることも議論されねばならない、という応答もある。

とはいえやっかいなことに、薬事法は同じ危険性を持ったものを異なる扱いにすることがあり、ときには合法なものより危険性の低い薬物を禁止することがある。

2010年にナット教授とその同僚が、100を上限値として依存物質の危険性について点数を付けたところ、上位には、ヘロイン（55点）やコカイン（54点）を超えてアルコール（72点）が入ってきた。

ヘロインやコカイン、覚せい剤の1種であるメタンフェタミンは、使用者にとっての有害性が強いものだったが、他者にとって有害性が強かったのはアルコール、次いでヘロイン、コカインだった。また、多くの国で合法とされているタバコは、メタンフェタミン（23点）、大麻（20点）、エクスタシー（9点）、LSD（7点）といった違法薬物よりも高い26点だった。

しかし、薬事法がただ不合理だと結論づけるのは早計だ。薬物の使用においては、文化的な側面を無視することはできないからである。

たとえば、もしそれが機能すると考えるのならば、イギリス国内でコカインの使用を完全に禁止することが望ましい。しかし一方で、ボリビアでコカの生産を禁止しようとするのはおかしな話である。コカの葉を噛むことは、現地で長年受け継がれてきた伝統だからだ。

同様に、多くの国で、アルコールは伝統に深く根付いたものとなっている。ブリテン島は古代ローマ人がやってくる前からビールを飲む国だったし、ワインなしのフランスはパスタなしのイタリアと同じくらい想像しがたいものだ。フランス人は紀元前6世紀からワインを作っていたのだ。

一方で、エクスタシーは1912年に合成され、1990年代に快楽を得るための薬物として取り入れられたというだけで、アルコールのような文化、歴史に根ざした起源を持たない。

社会的にも文化的にも密な伝統を持ち、日常から慶事まであらゆる場面で扱われる、より危険性の高いものが禁止されていない一方で、新しくて、危険性や作用の程度が怪しいというだけのものを禁止しているからと言って、それがおかしなこととは言えないだろう。禁止していないことも、まったく理にかなっていないことではない。

それでは、危険性の高い伝統を、特別な危機管理をしようとせずに大切に保ちながら、新たなものをその危険性を理解することのないまま避けようとするのはなぜなのだろうか？

結論から言うと、文化と矛盾していることを理由に薬物の規制に反対する意見は、一般的で直観的でもっともらしいように思われるが、だとしてもあらゆる危険な薬物を完全に規制することはできないし、規制がもたらす良い効果以上の害をなすことがある。自由主義の例に基づいて言うならば、薬事法が成立するか否かは、哲学者ではなくその分野の専門家によって決まる。このことが法と道徳の関係について重要な事実を指摘している。何を合法とするべきかを考えるときには、その指針の重要性を示すことの方が、抽象的な議論を重ねるよりはるかに大切であるということだ。

「人々がある事実に賛同するとき、同時にその価値観にも賛同する」ということだ。

動物にはどのような権利があるか？

動物にとっての利害から、どこまでの権利があるのか考える

「動物にも権利があるか？」という問いに端的に答えるなら、「ある」ということになる。なぜなら、私たちは法律を通じて動物に権利を与えてきたからだ。

そこで次に、動物に関する道徳的な問いかけをしたい。動物に対して与えられた法的な権利は、人という種が持つ権利を別の種へとただ適用させる行為なのだろうか？　あるいは動物にはこれらの権利とは別の望み（要求）があるのだろうか？　人間は、動物の考えを正しく認識しているのだろうか？

2007年、オーストリア最高裁判所は、ポーラ・スタイブ（Paula Stibbe）が26歳のマシュー・ヒアツル・パン（Matthew Hiasl Pan）の保護者になり得るかどうかについての裁判に対して、判決を下した。極めて異例な裁判だったが、それはマシューの年齢のせいではない。マシューがチンパンジーだったためである。

この裁判は、ホモ・サピエンス（homo sapiens）からパン・トログロダイト（pan troglodytes）へと人権を拡大する試みの1つだった。結果は敗訴だったが、訴訟が成立したこと自体が、世界に対して立法の発展する方向を示すものだったのだ。

過去数十年で、より多くの権利が動物に与えられるようになった。1999年、ニュージーランドでは世界で初めて、種に対する探求を目的としない、ヒト科の動物（ゴリラ、チンパンジー、ボノボ、オランウータン）への実験や教育が禁止された。2008年には、スペイン議会が大型類人猿の生存権を認め、有害な調査や搾取からの保護、捕獲からの解放や拷問からの保護を目的とした法の整備を行なうと裁定した。他の国々もこれに従い、類似する法律や規制を実施し始めた。

法的な権利を享受するようになった動物は大型類人猿だけではない。2009年に、ヨーロッパ連合は所属するすべての国々に、化粧品の原料についての実験に対して、動物を使うことを禁止すると通達した。２０１２年には、「バッテリーケージ（卵を採るためだけにニワトリが飼われる檻）」を段階的に廃止し、10年かけて最終的には除去することが決定された。スペインのカタロニア自治区では２０１２年から闘牛が禁止され、イギリスでは２００５年以降、猟犬を使っての狩猟が法律で禁止された。

これらの発展について、倫理学者ピーター・シンガー（Peter Singer）は、著作の中で「広がりゆく輪（expanding circle）」という表現を使って語っている。その考えの中心は、人類史を通して道徳についてあらためて考慮されるべき対象が徐々に広がりを見せてきたということだ。

道徳そのものが変化したのではなく、道徳の輪に広がりが生まれているということであり、その適用範囲が、一族や部族間から始まり、規模の大きな国へと拡大し、さらには人間全体に広がり、今や種族を超えていこうとしているということだ。

自然権より人工の権利

動物の倫理に関する問題は、権利という概念の中に含まれているが、これは不幸なことなのかもしれない。「権利」という概念は、一般的な議論の中で簡単に扱えるわけではなく、解決の難しいものだからだ。

権利の持つ意味は多岐にわたるが、そのうちの2つの考え方を紹介しよう。

1つは法的な意味での権利だ。法律によって与えられる、法的に認められた権利である。法的な権利は、あなたがいつどこで暮らすかによって変わってくるもので、多くの場合経済的、政治的な状況に大きく影響される。たとえば、無料で医療を受ける権利があるかどうかや労働者の権利がどこまで認められているかは、国や地方自治体などによって異なる。あるいはイギリスでは、2003年に施行された刑事裁判法により長期裁判に対する陪審員の権利を規制した。しかもそれ以降、その権利をさらに制限する提案が複数なされてきている。このように法的権利は、法制度の人工的産物でしかないものなのだ。議会の規定によって、許諾されるのか、あるいは取り下げられるのかが決まってくるのである。

2つ目の考え方である自然権とは、法の下で規定されているか否か、尊重するか否かにかかわらず、誰かに創られることも奪われることもない権利だ。この権利に対する見方として最も有名な表現は、アメリカ独立宣言の一説にある。「すべての人間は平等に創られている。創造主によって、生存、自由そして幸福の追求を含む、侵すべからざる権利を与えられている」。

少なくとも何かしらの自然権を自らが所有しているのは当たり前だと思い込んではいないだろうか？　たとえば、人種や性別にかかわらず平等に扱われること、自分の財産を持つことや身を守ること、信条の自由やその他の権利などについてだ。

これらは誰もが生まれながらに持っていると思われがちだが、しかし一方で、哲学者や法学者たちの間では自然権の存在そのものについて盛んに議論がなされている。自然権を批判したジェレミー・ベンサム（Jeremy Bentham）は、「人間の権利とはただのナンセンスであり、不磨の人権などと言うに至っては竹馬に乗ったナンセンスである」と言い残しており、しばしば引用されることがある。

こうした自然権に対する懐疑論の多くは、「権利を与えるものは何か？」という思索から生じたものである。たとえば独立宣言では、「与えられた権利」について次のように述べている。

権利は自然に存在するものではなく、それを与える権利と権限を持った人物に認められなければならない。神を信じるかどうかにかかわらず、この事実は権利を人為なものとする。神格や人間社会が私たちに与えない限り、権利は存在しないことになる。いずれにしても権利は自然に存在するものではない。自然は私たちに進化への適応力を与えてくれるが、権利のような抽象的なものを与えてくれはしない。

これに関連することとして、もし権利を維持する手段を持たなければ、その権利は無意味となるのか、という問題について考えてみよう。たとえば、ある政府がすべての市民に投票権があると主張しつつも選挙を行なうことがなかったならば、それは事実上、投票権が存在しないということにはならないだろうか？　同様に、殺人を犯しても罰せられることがない場所では、生存権は効力を持たないのに等しいのではないのだろうか？

もしそうならば、そもそも権利とは、それを維持できる社会的関係の上でしか真の意味を成さないものということになり、私たちが持つ単純な権利の概念とは意味が異なってくる。

自然権が疑わしいからと権利が「ただの」文化的な人工物に過ぎないと考えたとき、権利の拘束力が弱まるように感じられる。したがって、権利は自然に付与されるわけではない、というのは受け入れがたいかもしれない。

しかし、この「ただの」という表現には少々注意が必要だ。世界的に支持され、維持されている人工的な権利は、多くの人々がその根拠に疑いを投じる自然権よりもはるかに価値がある。権利を支持することにおいて重要なのは、法律や制度を認知して価値を与えている点にあり、それが自然かどうかということではない。

さらに一般的に言えば、「自然の」と「良い」という言葉を同等視し、それと対極のものとして「人工の」と「悪い」という言葉をペアにして扱う傾向がみられる。同様に、自然権でなければ本当の権利ではない、人工の権利など人間が作り上げた虚構なのだと考える人々もいる程だ。しかし、「本物・自然で良いもの」と「偽物・人工で悪いもの」を対立させて、世界をはっきりと分割することはできない。

芸術作品は、命を救う医薬品同様、人為的に作られた物ではあるが、すべて本物だ。一方で、疫病や地震は完全に自然の産物だが、その結果は歓迎しがたいものだ。それゆえに、自然のものでないからといって権利がたいした効力をもたないわけでもなく、また価値が低かったり、真実から離れたりしているというわけでもない。

権利が自然なものではないと認めるならば、権利は倫理思想の基礎とはなり得ないことも認めなければいけない。つまり、権利は私たちの社会的道徳の根底を形成するものではなく、むしろそれを保護するために作られたものなのだ。

例外的な状況下以外では殺すという行為を正当化できないようにするために、明白な原理として尊重されるものが必要であり、そこで生存権が作られた。また、窃盗を悪と認識し、自分の労働の産物を所有できるのが正当なことだと考えているために、財産権が作られた。

とはいえ、いま例示したのと同様にしてすべての道徳的な価値を権利に置き換えて保護することが必ずしも最善とは限らない。このことを、いったいどれくらいの人が認識しているだろうか？　これはとても重要なことである。たとえば私たちは、不貞は間違っていると思うのだが、貞節である権利は持っていない。また、私たちは子供たち一人ひとりが学校に通えるようにするべきだと考えるかもしれないが、それは自分の国に教育を実施する財源があるからこそ、それを権利として尊重しているに過ぎない。

私たちが何かしらのものごとについての権利を認識していないというだけで、その行為を肯定、あるいは否定しているということにはならないのだ。

権利は自然に与えられるものだろうか？　この問いに対してはいまだに議論が交わされているが、今のところ、権利は自然に与えられるものではないというのが一般的な見方だ。この議論の結論は非常に重要であり、私たちはこれからもこの問いに向き合っていかなければならない。

ここで改めて尋ねよう。動物の権利は認められるべきだろうか？

動物はどのような権利を求めるか

権利とは必然的に責任を伴うものだから、自身の行動に責任を取る能力がない動物には権利が生じないと主張する人もいるだろう。ネコはネコがするような行動しかしないし、イルカ、チンパンジー、ブタなどの賢いとされる動物であってもそうだ。

この考えからすると、権利は絶対的なのものではなく、条件付きのものということになる。たとえば、自分の生存権を主張するには、他者の生存権も同時に尊重しなければならない。もしあなたが人を殺そうとするならば、あなたから生存権が剥奪され、他者の自己防衛や懲罰のために殺されることもあり得る。同様に、自由である権利は、それが罪を犯すために悪用されない場合に限定される。その義務に従わない場合、あなたが自由である権利は剥奪される。

この議論の流れからすると、動物は十分な責任が取れないため権利を持つことができないようだ。整然とした主張だが、これには単純で致命的な弱点がある。

それは私たちが、十分な責任を取れない人間――とても幼い子供たち、重度の精神障害者や昏睡状態の人々――にも権利を認めていることだ。もし権利を与えられることに責任能力が前提とされるならば、これらの人々は動物と同じくらい狭い範囲での権利しか持てないことになる。

この現実に向き合う心構えができている人はそう多くはないだろう。とはいえまた、それを攻撃する必要もない。権利を責任能力と結び付けることができるのは、それが責任を取る能力があると私たちが判断した人々に適用される場合においてのみだからだ。

それゆえ、責任能力が認められない人々にも、やはり何らかの権利があるといえる。責任能力の欠如によって彼らの権利のすべてが否定されることはなく、投票権や結婚の権利、武器の所持など、責任能力を伴う行為に関する権利が保留になるだけである。幼児やイヌは生きる権利を行使することに対して責任を取る必要はなく、生存に対する欲求があるだけで良いのだ。

しかし、動物に対してそのような権利を認めることは本当に適切なことだろうか? これまで論じてきたように、もし権利が道徳上の基本的なものではないとしたら、人間の動物への扱いのどの段階からが道徳上基本的なものと言えるのだろうか?

それによって先程の「動物に権利は認められるべきか？」という問いに対する答えが変わってくるのだが、結局のところ、「私たちと同等の権利」と「私たちが望むような権利」という2つの対極の中間に落ち着く。どちらかの極論を支持する人は少数だが、両者の間のどこに落とし所を見つければ良いかという指針があるわけでもない。

公営住宅の入居順番待ちのリストにイヌやネコを加えるようにして、人間と動物を同等に扱うべきだとは誰も考えない。したがって「同等」というのは、動物たちの利害が人間と異なることを認めた上で、人間が動物たちと共通して持っている利害に基づいて公平に考えられるべきであろう。

ところが、人間の間でさえ利害は公平ではないから、そう単純には片づけられない。

たとえば、私自身において他者に対して発生する利害には、私に手を上げないこと、お金で買える最高の医療を受けること、アメリカの全国テレビ放送で有名な司会者オプラ・ウィンフリー(Oprah Winfrey) に著書を宣伝してもらうことなどがある。

実際のところ、1番目のものだけを私自身の権利として他者に要求している。著書を広範囲に放映してもらうことは、誰かの義務ではなく、他者によって不当に妨げられることがあってはならない、という要求でしかない。お金で買える最高の医療については、医療は必要に応じて分配されるべき有限な社会貢献サービスの1つであるから、私がそれを買い上げることは許されないという異論があがるかもしれない。

動物の利害をもとに権利を考える

ある種の動物は、ある程度はっきりとした利害を持っている。

たとえば、エビにとっての利益は生存し続けることだ。だからといってエビを殺さず、食べてはならないという義務が私たちに生じるのだろうか？　それは定かではない。1匹のエビに自覚的な思考のようなものがなく、生きて遺伝子を残すことが利益だと自覚していないことはほとんど確かなことである。実際、この文脈での「利益」は比喩的なもので、エビの利益（要求）に何が含まれるかという点については、エビの主体的な意識なしにこれが「エビの利益」であるとは言えないはずである。

動物の持つ利害を話題にしたときの奇妙さは、動物の利害の「邪魔をすること」について考えることでなおさら強く感じることができる。私たちが知る限り、動物は次の行動やさらにその次の行動について計画性があるとは言いがたい。そもそも私たちに邪魔されるような計画を持たない彼らを、どうして邪魔することができるだろうか。

生存し、計画を実行し、他者との関係を維持している人間の利害と比べると、1匹の動物の利害は、単にその場その場での生存を維持することでしかなく、人間と対等な権利を要求しているとみなすのはとても難しい。

しかし動物が実際に利害を有しており、人間に何かを要求するであろう利害の1つに、苦痛からの解放がある。ジェレミー・ベンサム（Jeremy Bentham）は著書『道徳および立法の諸原理序説』において、「問題は、理性があるか、話すことができるか、ということではなく、苦痛を感じるかどうかということである」と述べた（これは、動物が自然権を有するという考えを完全に否定しつつも、動物を倫理的に扱う方法を示す良い例である）。

これは、人間には可能な限り動物の苦痛を軽減させる義務があるということではない。仮にその義務があるとしたら、人間は、動物を捕食するのを止め、田舎道を歩きまわり、病気の動物がいれば拾って看病しなければならないことになる。そうではなく、不必要に動物が苦しまないようにする義務があると言っているのだ。

どのようなものであれ、苦痛は悪いものだ。もし私たちがこの主張（とそれに対して反論があること）を認めるならば、動物が不当に扱われない権利、農業経営において人道的に飼育され、人道的に屠殺される権利を認めることは理にかなっている。

さらに、化粧品の試験などの取るに足らない目的で動物に苦痛を与えることは、動物が正当に持っている利益に対して、尊重できていないことになるだろう。実際、世界中の法律の中に、動物に対する権利についての具体例を見つけることができる。

しかしながら苦痛に関しては、動物の権利の他の側面と同様、対象となる動物によって明確な差別化が必要だ。苦痛は苦痛かもしれないが、それがいつどのように、どの種の生き物によって感じられるかが多かれ少なかれ重要となる。

人間の場合で言えば、不快な形で苦痛を体感したときの記憶に取りつかれ、苦痛の予兆を恐れることがある。出産時の苦痛やマラソン走者が自らに課すような苦痛には耐えることができるが、悪意ある第三者によって与えられる苦痛には耐えられない。女性の出産時の痛みは、よい結果をもたらすことがわかっている分、いく分かしのぎやすいと思われるだろう。

また、どれ程の苦痛を感じたかという記憶は、いつ、どのような状況で苦痛を感じたかによって変化する。たとえば、外科的処置の終盤で感じる痛みは、序盤や中盤に与えられたものと同じであっても記憶に残りやすい。

要するに、苦痛は「一時的」なものではなく「長期的」に記憶されたり、経験が思い出として残ったりした場合、より深刻な苦しみになる。それゆえ、人間の苦痛は、動物の苦痛よりはるかに重い。

純粋に今この瞬間を生きる動物は、おそらく避け難い不快な経験をしても、それが過ぎ去るやいなや、それまでどおりの生が続けられる。人間とまったく同じではないのだ。

ただし、虐待されたイヌが精神的に傷つくように、より知的な動物は、長期間にわたる痛みを苦しみとして記憶するだろう。知的な動物に対しては、経験が過ぎ去った途端に記憶から消える単純な生物よりも、より一層ていねいに、彼らが傷つかないように気をつけなければならない。

さらに論ずるべきテーマは他にも多数存在している。たとえば、完全菜食主義者は、不必要な苦痛を受けている動物が存在していることと、その周囲に人間の道徳的な義務が広がっていることについて主張している、ということもある。

この章ではそれらについて論ずることはしないが、動物に対する道徳観についてより一層深く掘り下げて考えるための道筋を示してきた。

そして、「動物の権利とは何か」という問いから始めるのではなく、「動物がどんな利害を持ち、さらに、どういう点で人間に道徳性を求めているのか」を考えるべきであることを紹介した。そのうえで、求められた権利を与えることが、彼らの要求に応える最善の方法かどうかを議論するのだ。

人間と比べたときに、動物の方がより厳しい要求をしてくると結論する人は多くないだろう。しかし、私たちが今、動物に与えている以上のことを彼らが望んでいる可能性はゼロではない。

道徳の輪は、永久に広がり続けるのではなく、さまざまな輪がそこに組み込まれていくのだろう。おそらく、そのすべての輪の中に含めるべき存在として人間以外の種を加える必要性は、ごくわずかではないだろうか。

人工妊娠中絶は殺人だろうか？

あいまいさと不確かさに対処するしかない

人工妊娠中絶は殺人なのか？

この問題は、道徳に関する議論の中で、最も重要なテーマの一つだ。女性に中絶を選択する権利があるかどうかという議論よりもずっと重みがある。男性も女性も殺人行為を選択する権利はないので、中絶は殺人ではないということになって初めて、選択についての問題が生じるからだ。これは、私たちが人間である以上、向き合うことから逃げることのできない問題だ。

アメリカ、アラバマ州のハンツビルを訪れたときのことだった。真っ先に私の目に飛び込んできたものは、人工妊娠中絶を行なう病院の外に集まる抗議者の一群だった。プラカードには、「中絶は人殺しだ」だとかそれに類する言葉が書かれていた。彼らは「イエスはあなたの幼子を愛しておられる」と言い、さらに「神の裁きの場において、中絶は殺人である」と続けた。

抗議者たちと話をしてみたところ、私がイギリス人だとわかると、その中の1人が言った。「あなたたちイギリス人は、イギリス国内で、たくさんの赤ちゃんを殺している」。さらに「イギリスは恥を知れ」と別の人が割って入った。ついには「イギリスは、イスラム教徒や移民に、国を乗っ取られようとしているんだよ」と付け加える人まで現れた。

中絶の権利を擁護する人たちにとって、中絶反対の強烈な感情を持つ人々を単に熱狂的な人々として切り捨てるのは簡単なことだ。

人間の受精卵が新生児と同じくらい生きる権利を持っていると考えるならば、中絶はけた外れの規模で行なわれている殺人だと言えるだろう。毎年、イギリスでおよそ20万件、アメリカだけで100万件以上、世界中で、4億件以上の中絶が行なわれているのだ。

死刑執行という、国家の承認のもとで成人がたった1人殺されることによって起こるデモ行進を考えてみれば、中絶反対主義者たちがなぜあれほど声高に抗議するのかが理解できるだろう。そういった人々が考える「中絶とは何か？」という問いの答えに賛同したとき、あなたも彼らと同じことをしないと言えるだろうか？

生命の尊厳

本章の議論（次章の安楽死に関する議論もそうであるが）の中で、ほとんどの人々の心に訴えかけるのは「生命の尊厳（the sanctity of life）」という原則である。生命には至高の価値があり、自由な選択の権利や自主性の権利によってそれが侵害されることは決してない。とはいえ、「生命の尊厳」という表現は、よく引き合いに出されるものの、実際にはその価値をほとんど誰も信じていないようにも感じられる。

現に、完全な菜食主義者というのは非常にまれであり、普通の菜食主義者たちは、酪農製品を手に入れるときに動物が屠殺されているという事実を認識しなければならない。ごくわずかな厳密な意味での平和主義者が自己防衛のためですら殺生を行なわない一方で、多くの人が正当な戦争（正義の戦い）はあり得ると信じている。

「汝、殺すなかれ」という簡潔で明瞭な戒めによって、聖書は生命の尊厳を主張してはいるが、この言葉は、あらゆる「殺す」という行為に関する包括的な禁止令だとして解釈されることはほとんどない。

この戒めは、ある種の戦争行為と自己防衛とを、相対的には受け入れられるものだとしている。というのも、旧約聖書の出エジプト記で使われる、「殺人」を意味するヘブライ語の「ratsach」という言葉は、たいていの場合理由もなく意図的に殺すことを指すからだ。

あらゆる生命の尊厳を本当の意味で尊重するという、矛盾のない行動を行なおうとするならば、ジャイナ教（厳しい戒律生活と苦行を実施する、禁欲主義で知られるインドの宗教）のような宗教を奉じなければならない。ジャイナ教の最も厳格な信者は、小さな虫を意図せずに飲み込むことがあってはならないと、それを避けるために口を覆う程だ。

反対に言えば、ほぼすべての人が、生命を消滅させることはどんな場合でも間違っているという一貫した原則に従ってはいない。中絶に対する反対主義者たちが、生命の尊厳に訴えかけることにしか頼れないとしたら、彼らの主張はかなり弱くてもろい根拠に支えられていることになる。

もし、厳格な生命の尊厳の原則がないとすると、生命を消滅させることが許されるのはどのようなときにおいてだろうか？　自己防衛と正義の戦争を擁護することを除きつつ、中絶に反対することと整合性をとることのできる答えは次のようになる。自分自身や他人の命を守るために必要なとき以外、人間の命を奪うことは何があろうとも間違っている。

ところで、そのような原則を正当化するものは一体何だろうか？

最初の問題は人間の生命についてだ。これほどまでに守らなければならない価値を持っている人間の生命とは一体何なのだろうか？　そして2番目の問題は、「人間の生命はどの時点で始まるのか？」というものだ。そしておそらく、1番目の答えが2番目の答えへと導いてくれるはずである。

人間の生命の価値とは何で、いつから生じるか

人間の生命を守ることを、私たちは、なぜこれほどまでに重要だと考えるのだろう。この質問に対して、2種類の回答を紹介しよう。

1つは、人間の生命には、その本質からしてもともと価値があるというものだ。その人が誰であるか、どのような地位にあるのかなど関係なく、人間の命は常に尊いのだ。これは、崇高で理にかなっているように聞こえるかもしれないが、このままでは単なる主張にしかすぎない。

それゆえ、この主張をどうしても擁護できないような事態を私たちは容易に想像することができる。

たとえば、どうにも深刻で、元に戻らない程の脳の損傷について考えてみよう。意識が戻ることは二度となく、いつまでも肉体としての生命を単に維持し続けるだけという状態だ。この通りの状態であったとき、人間の生命の価値をそのまま認めることができるだろうか。

永久に続く植物状態の診断について人々が抱く憂いが、人間の生命の価値についての議論をさらに困難なものにしている。植物状態と診断された人が、実際はまだ少し考えることができるとか、生きたいと思っているとかいうことがはっきりとはわからないことを理由に、植物状態の生命を維持する価値はないとする結論に反対の声があがる。

損傷を受けた脳の部位によっては、意識が戻らないことが確実な例も存在する。

そこで次のように考えてみるとどうだろうか。「もし永遠にあなたの意識が戻ることはないのに、肉体だけが生かされ続けているとしたら、そうすることだけが目的で生かされ続けることには価値はないだろう」。わずかに意識が戻るかもしれないと感じ、生命維持装置のスイッチを切ることに絶対に同意しないとしても、揺れ動く葛藤があることもまた、真実だろう。

人間の生命の価値は、生物学上の特定の種に属する生物に存在するという考え方もある。

しかし、人間の生物分類学的な位置が重要であるなら、チンパンジーとボノボの生命にも何らかの価値があることになる。

DNA解析の結果から、デトロイトにあるウェイン州立大学の科学者たちは、ヒト属、つまり現生人類（homo sapiens）、チンパンジー（homo troglodytes）そして、ボノボ（homo paniscus）は、すべて同じ属の中の同じ種として分類されるべきだと主張している。また、別の科学者たちは、ジャレッド・ダイアモンド（Jared Diamond）の著書、『人間はどこまでチンパンジーか？──人類進化の栄光と翳り』を例にあげ、人間を別の方向へ、つまり、チンパンジーやボノボのほうへ近づけることによって、人間の生命の価値がある種の動物と非常に近いものであることを主張している。

しかし、人間の生命よりもチンパンジーとボノボの生命をより尊重すべきだという理論が可能だとしても、実際に、そのように考える人はほとんどいないだろう。

この一連の考えが正しいとするならば、人間の生命を尊重する理由は次のようになるのではないか。生命が尊いのは、生きている現生人類が単に存在していることが尊いのではなく、その存在自体が、意識のある個人の生命を常に維持しているからである。

火災の起きた建物から、数匹の霊長類より1人の人間を救い出すことを優先させる理由はそこにある。霊長類たちと私たち人間との間には類似点があるにもかかわらず、チンパンジーには、人生の計画も、個人的な価値観も、抽象的な信念もない。人間以外のすべての動物と同じように、チンパンジーはただ、その日暮らしで、刹那的に生きている。

他のチンパンジーとつがいになったり、木の実を手に入れたりというような直接的な行動は別としても、チンパンジーが死んだときに頓挫するような、一生涯にわたる計画はないだろうし、果たされないままになってしまうような大きな約束もないはずだ。

受精した人間の卵子（まずは受精卵、それから胚盤胞となる）は、妊娠後数日で、完全に成長した人間の生命が価値をもつゆえんたる特徴を持ち合わせていない。それどころか、ハツカネズミのほうが、「この時点における現生人類」よりも、はっきりとした意識がある。

このことからイギリスは、１９９０年に、ワーノック委員会によって１９８４年に発表された生殖に関するレポートを基に、「人間の受精及び胚研究法（ＨＦＥ）」を制定した。そこでは、受精後14日までは、人間の胚を使って研究することが許可されている。その時点までは、やがては神経組織に発達するであろう前駆細胞でさえ形成されていないからだ。また、胚が無事2分割されるかどうかさえもわからない。レポートには、次のようなことが述べられている。

人間の胚は人として、あるいは、潜在的な人としては認められない。人間の胚は、単に細胞の集合体であり、人間の子宮という環境に着床しない限り、成長する潜在能力もない。そういうわけで、これらの細胞には、法的保護の対象となる資格も、それを与える理由もない。

慎重に胎児の成長について考えていくと、どの時点で人間の生命が始まると言うべきかがあいまいなことに気付く。双子の生命は、1つの胚から始まったのだろうか？　それとも2つの胚から始まったのだろうか？

さらに、生物学的に、ある時点で「現生人類として確認できる存在」になることがわかったとしても、そのことが道徳的に重要かどうか、あるいはそもそも、どの時点で「人間の生命が始まるのか」について考えるべきかどうか疑問が残る。

胎児が生きていることを否定する人はいない。しかし、意識という存在が生命の価値をさらに高めていると考えるのならば、胎児の発達初期にも、完成された人間の生命の価値らしきものを何も持たないと考える時期が存在することになるだろう。そしてその中のどこかに、胎児が意識を持つようになる段階があるはずだ。

そのことが、生命に価値を与えるものとしての意識という問題に関わってくるのではないだろうか？

胎児は、そのような価値を与えてくれる特徴を徐々に備えていく存在であり、ある時点で、新生児と同じ法的保護が与えられる十分な特徴を備えることになる。

しかし、意識の芽生えには、その存在の有無をはっきりと確認できるような魔法の瞬間がないということを考えれば、その特徴を備える前後の段階にはっきりとした線を引くことは決してできないだろう。それでも私たちは、どうしても、はっきりとした線を引かなければならない。さもなくば、細胞の破壊と殺人を区別することを諦めるしかない。

境界線は、個人の判断で引くしかない

自然が明確な境界線を引くことを拒んでいるとき、実は境界線を引く必要がないということが多い。

これまで考察してきた事例はさておき、「怠慢」について考えてみよう。普段はていねいで、

注意深く、親切な人がいるとする。そして、ときどき無思慮で不注意で怠慢なことがある。では、どの時点で完全に「ていねいで、注意深い」のではない状態から、かなりひどい「怠慢」へと変化するのだろうか。このことに関する明確で理論的な法則などあり得ない。

次に、ある事件に対する傍観者としてのあなたの責任について考えてみてほしい。ひどく出血している人を目の前にして、アイスクリームを買いたいという理由で無視してしまう人は、非難されるに値する人だ。一方、火災が起こっている建物の中にいる人を救助するために飛び込む人は、ヒーローだ。では、どの時点で、自分の利益を守るために容認される行為（たとえば、建物に飛び込まないこと）が、他人の幸福に対する冷淡な無関心さへと変化するのだろうか。

どちらの事例も明確な境界線は欠如している。このことから、注意深いことと怠慢であることとの間、あるいは、勇気があることと冷淡であることとの間に、実はそれほど重要な差がないという結論になるのだろうか？　世の中とはそういうものだろうか？

赤がオレンジに、あるいは、オレンジが黄色にどの時点で変わるのか、スペクトル上に明確な境目はない。しかし、境目があいまいだということが赤と黄色の間に差はないという意味になると考える人は、目の検査をしてもらうだけでなく、自らの論理を確かめるべきだろう。

中絶の議論において、乳幼児と受精した細胞を同等とみなすべきだという理由として、両者の間に、はっきりとした境界線がないことを指摘する声をよく耳にする。しかし、これは決して論理的ではない。

明確な境界線がないのは、人間が慎重過ぎるからにすぎない。車にたとえると、私たちはあまり十分とは言えない安全性より、本当に必須の安全性、さらにそれより上の安全性を考えて、車体が作られることを望む。同じように、動物の苦痛の原因となる明確なものを単に避けるよりも、動物の無用な苦痛の原因になるかもしれない「いかなるもの」をも避けることのほうが良い、という考えになってしまう。

実際のところ、「許容される中絶」と「子宮内の嬰児殺し」との間に境界線を引くとすれば、線を引く地点は、ある意味任意のものになるだろう。そして、その境界線が「胚が人間としての権利を持つに値しない段階である」と確信している期間での判断である限り、その裁量は正当化される。

境界線をどこに引くかを決める際に、哲学と同様生物学も重要になる。まず哲学からは、生物に生きる権利を与える重要で道徳的な特徴を知る必要がある。そして生物学からは、どの時点でそのような特徴が表れるのかについて学ぶ必要がある。

中絶を支持する人たちのほとんどが、最初の14日間は、法的保護を与えられるほど十分には成長していないと主張する。この判断は、胚がどれくらい自己やそのまわりの環境を認識しているか、どれくらい痛みに敏感であるか、産出直後になっているであろう姿にどれくらい近づいているか、などの事実に基づいている。

境界線を引く重要な地点として、この他にも、発達段階のさまざまな地点が選択可能であり、多様な議論がなされている。まずは、そのような問題点があることを認めることが、この論争に対する当面の目標として大切なことだろう。


それでも、多くの人が、両者を区別する境界線は引けないと主張する。

道徳的に異なる状態にある2つの発達段階の間にある境界線がぼやけているのではなく、そのような差はないというのだ。すべての人間は、妊娠した時点から、等しく生きる権利を持っている。私たちがこれまで見てきたような立場を正当化する理由である「生命の尊厳と単なる種の一員であることの重要性」では、この難題の解決に必要な次元に到達していないようだ。他にもっと説得力のある論拠はないだろうか？

宗教は、その説明となるだろうか? 大半の人は、自分たちの信仰する宗教が、すべての中絶に反対していると信じている。しかし、神学的に言えば、キリスト教徒はもちろん、他のいかなる宗教の信者たちも中絶に反対しなければならないかについては、まったくはっきりしていない。

中絶に関連する問題についてはっきりと触れた内容は聖書に出てこないのである。たとえば、神が、私たちを子宮の中で創ったということが聖書の中によく出てくるが、私たちが子宮の中で生命の始まりを迎えることを疑う人はいないので、そのことがことさら目新しいことだとは思えない。別の人たちは、ヨブの言った聖書の有名な一節「神がお与えになり、神がお取り上げになったのだ」を引用するかもしれない。しかし、この言葉は、「神のみ」があなたの命を取り上げることができるということを明言するわけではない。

それでも、生命は神からの贈り物であり、神のみがそれを取り上げるのだと言う人がいる。この言葉に関する1つの解釈は、哲学者であるメアリー・ワーノック(Mary Warnock)が指摘するように、これは贈り物というよりは、借金なのだということだ。この世における人間の生命は、ある種の借金であり、人間が、生命を抹殺しないことを含む正しい行ないをすれば、人生の最後に永遠の生命という贈り物を手に入れられる。

しかも、「神がお与えになり、神がお取り上げになったのだ」という言葉を受精した胚に当てはめたところで、生命が事実上どの時点で始まったのかという問いに答えることはできない。もし、胚の生命が少なくとも14日目まで、おそらくはもっと先まで、人間になっていないとすると、神はまだ命を与えていないということになり、神に取り上げられるべきものは何も存在しないことになるからだ。

曖昧な生命

私たちは、細胞の破壊と不当な殺人、あるいは、単なる細胞の集合体と成長した大人との間に、はっきりした境界線を見つけたいと思っている。だがしかし、そのような境界線は存在しない。

しかし、これは生と死に関する重大な問題であり、頭を悩ませることになる。しかし、そこにはっきりとした境界線がないのだとしたら、どれほど望んでもその現実を変えることはできない。そうである以上、不確かさと曖昧さについてうまく対処していくしかない。

要するに、妊娠中絶が道徳にかなっているか否か、という難問に対してきちんと答えるよりもむしろ、この議論の際に生じる不確かさやあいまいさに対処していかなければならないということが、私たちが到達し得る最も明確で、信頼できる結論なのである。

安楽死は認められるべきか？

すべての権利を守る方法は、まだない

あなたがこの世で最も恐れるものは何だろうか？

「死」は、いつか起こることであり、避けられないものである。あなたがこの世で最も愛している人が苦しみ、痛みを取り除いてほしいとあなたに懇願する。しかし、それは法に触れてしまい、何もしてあげられない状態を想像してほしい。

私には、冒頭であげたようなことは想像できない。感情移入しようとすると、無意識に、何らかの自衛メカニズムが私の想像力を停止させるとともに、不快感を生み出すのだ。

悲しいことに、ブライアン・プリティ(Brian Pretty)は、想像力を使う必要がなかった。彼にとってこれは、「死」に直面している妻との間に起きたことだった。

「妻・ダイアン(Diane)にはもはや他に選択の余地がなく、あることを行なわなければならなかった。ある恐ろしいことを。それ以外に、私が彼女にしてあげられることは何もなかった」と、運動ニューロン疾患が原因の呼吸困難で苦しんだ後、昏睡状態に陥った妻・ダイアンについてブライアンは言った。

ダイアンは、自分が死ぬ前、何年にもわたり、法廷闘争を行なっていた。自身の苦しみに耐えられなくなり、夫・ブライアンが自殺の手助けをした際に、1961年に施行された「自殺の法令」の下に起訴されない権利を獲得しようとしたのである。彼女は、イギリスの最高裁判所、イギリス議会の上院、ヨーロッパ人権裁判所に訴えたが敗訴した。そして、2002年5月、病状が悪化し亡くなった。

この事例のように、なぜ多くの人が「死ぬ権利」を支持するのだろうか？「死ぬ権利」という言葉(表現)はいささかまぎらわしい。多くの国で、大人が自殺すること、救命処置を拒否することは違法ではない。一方で、他の誰かが死ぬのを手伝うことは、たいてい違法である。自分自身の命を苦痛なく終わらせるためには、他者の援助が必要だ。食べたり、洗濯をしたり、トイレに行ったりと、人間の最も基本的な生活活動ですら他者に頼る状態、特に重度の神経疾患を患っていたならば、なおさら他者の「援助」が必要となる。

この問題の一番の悩みについて順序立てて考えるために、どの点について議論されているのかを明確にする必要がある。「自殺幇助は道徳的に間違っているのか?」あるいは、「自殺幇助は合法か?」という点は『法律は道徳的なものなのか?』と関連しているが、問題点がまったく同じというわけではなく、相違点をしっかり見ていこう。

すべての人にとって道徳的な方法はない

ダイアン・プリティの事例において、最初の訴えを棄却した法務委員は「イギリスの法律は法的実証主義をとっており、裁判官は、道徳的、または、倫理的審判者として働くのではない」とはっきり述べた。そしてその職務は、「現在の法解釈に基づき、現行法を確かめ、適用することである」と言った。

ダイアンの訴えを退ける根拠となった法律は、ヨーロッパ人権条約である。ダイアンの場合、第2条「すべての者の生命に対する権利は、法律によって保護される。何人も、故意にその生命を奪われない。ただし、法律で死刑を定める犯罪について有罪の判決の後に執行する場合は、この限りでない」の解釈が鍵となった。

ダイアンの訴えに対して、ビンガム上院議員（Lord Bingham）はまず次のように述べた。

法・条の目的は、個人を第三者（国と公権力）から保護することだ。しかし、法・条は、生きるか死ぬかを選ぶのは個人であり、そして、生と死の問題に関して、個人の自決権を保護することを認めている。

第3条には「何人も、拷問又は非人道的な、もしくは品位を傷つける取り扱いもしくは刑罰を受けない」と定められている。ダイアンは、彼女自身の生命を終える権利を奪われることで、非人間的な苦しみに服従させられることになる。その苦しみから逃れるために自殺幇助を認めてほしいと訴えた。

ダイアンは、個人や家庭生活を尊重する第8条も指摘した。そこには、絶対に必要だとされる場合を除き、「権力の行使により、公権力が干渉することはあってはならない」と定められている。最後には、差別を禁じ、個人の保護を定めた第14条を引用して訴え続けた。

法務委員は、これらの主張を検討する中で、ブライアンの自殺幇助を防ぐことが「正しい」かどうかは考えないとした。そして、法律が自殺幇助を「認める」ことになったとしたら、そのとき初めて正しさについて考えるとした。結局、「法は彼女の死ぬ権利を認めない」と結論付けた。

ヨーロッパ人権条約に掲げられている権利に反するとして、自殺幇助は認められなかったのである。その後、法律が間違っていると考えた人々が法律を変えようと活動したが、そういった試みのすべてが失敗に終わってしまった。


法律が正しいことに反すると考えられ、法律は変えられなければならないのだとしたら、これに従わなければならないという道理はない。

しかし、「それは、許されるべきではない」と言ったところで、法律が非実用的であるとか、他に弊害をもたらすものであるということの根拠にはならない。

道徳を灰色の不透明な世界だとすると、法律は白黒はっきりした規則でなければならない。これが法の悲劇の始まりだ。

ここで、道徳的に最も善い結果を念頭に置き、法律を軽んじるとどうなるだろか? ジョンソン博士の言葉「法律は、特定の事例のために作られておらず、人間一般のために作られている」を引き合いにだし、ビンガム上院議員は自身の判断を示した。「法律が修正されることが許されるということは、法律がない、つまり制限がないということであり、社会全体をそのままにすることになる。つまり、きちんとした法律がなければ、社会は荒れた無法地帯になる」と指摘した。

この指摘どおりに振る舞うなら、裁判官は法律の適正な運用者というよりもむしろ、合法的実証主義者として、つまり、ヨーロッパ人権条約をもとに道徳的な目的を顧みずに法律を解釈することになる。たとえば、法律がゆるめられたときに起こるかもしれない虐待の危険性について、ビンガム上院議員は上院特別委員会の報告書を引用し、次のように述べている。

われわれは、弱い立場にある人々を心配している。彼ら――高齢者、1人・孤独であるか、病気であるか、窮困・苦しみにあるか――はそれが現実的か、非現実的かにかかわらず、早く死に臨まなければという重圧を感じているだろう。……われわれは、社会が、弱い人々、恵まれていない人々へ送る「早死にすべきではない」というメッセージを信じている。遠回しに死に急ぐことを奨励すべきではない。社会は、そういった弱者の生活の世話と支援を保障すべきである。

どう見てもこれは道徳的問題である。事実、このことに言及する際、ビンガム上院議員は、法廷が単にその道徳的な内容に関して思案なしに法解釈をしたのではなく、その道徳的な目的を考慮していたことを認めている。

自殺幇助を認めることの道徳的な危険性

もし自殺幇助が合法で、単にその道徳性を考慮するとしたらどうなるだろうか？　ダイアンの場合は、道徳的な責任をもとにヨーロッパ人権条約の4つの条項が検討された。より一般的な言葉で表すと、独立して生きる個人の権利を中心に、彼女の利益や意志に反することと、生に重きを置くことを強制すべきではないのかどうかが天秤にかけられた。

自殺幇助と人工妊娠中絶についての議論においては、1つの価値観を選択して、もう1つを真っ向から否定するかのように、「合法化反対派」と「合法化賛成派」に分かれることもあるが、大半の人々が両方を取る。決断しがたいのだ。２つの価値が衝突し、どちらが優先されるかを決めなければならないとき、意見の相違による対立はますます深刻になる。

ときとしてその衝突は宗教的な信念に根ざしているが、同じ宗教の人々の間でさえ、安楽死の倫理については意見が一致しない。また、中絶に反対する解釈をもつ聖職者がいるにもかかわらず、それについてヘブライ語の聖書でも、キリスト教の聖書でも明確に禁止されていることはない。

前章で「人工妊娠中絶」ついて述べたが、「中絶合法化の反対派」の立場は、常にとは言わないが、「生命の尊厳」に関する理念に基づいている。もしそれらが首尾一貫しているならば、大部分の人々は、命の価値は非常に高く、安楽死が間違っていると考えているわけではないことを認めるだろう。

ダイアン・プリティのような人々が、命を軽んじているわけではない。彼らは本当に命を愛し、自分が堪えがたい状態になる前に命を終わらせたいからこそ、その権利を主張するのだ。

これは、熟練の芸術家の仕事の質が歳とともに低下し、引退しようかと悩む例のようである。仕事の質が以前の自分が思う絶頂期に達していないと知りながら作品を作り続けるよりは、引退を選ぶ方が良いかもしれない。仕事に対する情熱的な愛情と愛着が、引退を決意させるのだ。
これはもちろん、命の選択の場合とは、まったく違う次元の話である。とはいえ、原則は同じことだ。あなたが自身の命を愛しており、今後、あなたが楽しみにしていることすべてが、とても耐えられない痛みと苦しみへと変わり、最愛の人々から喜びを感じることさえできないとわかったとき、おそらくあなたは、自らの命への愛情によって自らの命の終わりを決意するだろう。

けれども、どんなに恐ろしいことがあっても、命は価値あることを常に生み出していると主張する人もいる。しかし、正午に死んでしまうよりも、正午から12時間にわたって拷問を受け夜中に死ぬことの方がましだと、誰がまじめに信じるだろうか？　この状況下では、誰もが死を引き延ばすよりもすぐに死ぬことを望むだろう。極端ではあるが、この例は、延命が一般的により良い人生の過ごし方だということを意味していないことを示す。命の質は、その長さと同様非常に重要なのだ。

安楽死や自殺幇助に反対するために、命は神聖ではないが、その価値は非常に高いとする主張もある。

その1つは、利害関係や権利の主張に重きをおいたもので、用心するに越したことはないという意見である。何が起こるか決して分からない世の中では、たとえ回復する機会がなくても、人生において何らかの意味がある瞬間が訪れる可能性が少しでもある限り、命は守られるべきだというものだ。

2つ目は、もし究極の場合における自殺幇助を認め始めると、人々はそれほど深刻な理由がないのに、自らの命を絶つということが、徐々に増えるのではないかという見方だ。しかもそれは、他者からの圧力によるもののはずだと、ビンガム上院議員は警告している。

興味深いのは、どちらの主張も自殺幇助が絶対に間違っているという信念から反論しているのではない点だ。そうではなく、自殺幇助を許すことは危険であると警告している。1つ目の場合は、未来にどれほどの価値があるかの判断が間違っているかもしれないという危険性、2つ目は、私たちが予測しているよりも、より多くの自殺、殺害が起こるかもしれないという危険性である。

実際、これらの危険性を考慮するなら、安楽死の合法化についても慎重に考えなければならない。自殺幇助を合法化すると、それは悲劇的なことにつながるかもしれないからだ。道徳的には正当だが、そうすることでより問題を悪化させ、不必要な早死をする人がさらに増えるとも考えられる。ただしこれらは、自殺幇助が間違っているという考えを支持する根拠にはならない、ということは承知していてほしい。

こういった反論を、道徳的であるというよりむしろ実践的なものであると捉えることは間違っているだろう。行為の道徳性は、他人に対して短期的な効果を与えるだけでなく、長期的な、自分自身の道徳性にも影響するものとみなすべきだ。

短期的な有効性について言うと、ある特定の価値の崩壊につながるかもしれないが、行為は正しい、あるいは、少なくとも間違いではないという考えを真摯に受け止める必要がある。

これは、まさに一部の人々が消費文化について感じていることだ。買い物を楽しんだり、素敵に見えるものを買ったりすることは、決して間違ったことではないだろう。しかし、これらを繰り返し行なうと、あなたは徐々に浅はかな考えをするようになり、唯物論的で、重要でないことに固執するようになるかもしれない。

短期的な有効性に、道徳的な危険を冒すだけの価値はあるだろうか？法的に、または道徳的に安楽死を許可することが、安楽死を認めないことよりもより重大なリスクを伴うことかどうかを問わなければならない。

安楽死賛成派の主張によると、安楽死を求める人々は、自らの命を終わらせる（死ぬ）ための助けを求めることができないので、安楽死によって毎日続く苦痛を回避しようと願うのは明らかだ。その上で自殺幇助が違法となれば、無力さを感じ、自分自身で手を下す（自殺する）ことが可能なうちに、つまり自殺幇助を受けるよりも早く、自らの命を終わらせる（自殺する）ことを選ぶかもしれない。

「二重結果の原則」

この問題に関して、もう1つ重要な検討事項がある。法律や道徳におけるローマ・カトリック教会の伝統的教義に「二重結果の原則」がある。「二重結果の原則」では、死ぬことを意図・予知した行動と、死ぬことを意図しなかったが予見していた行動とその副次的な結果があると区別している。

たとえば、ある医者が、末期の病気を患う重篤な患者へ、痛みを和らげるために、高用量のモルヒネを投与したとしよう。患者自身が、死に至る可能性があるほどの量を投与されると知っていたら、これは殺人ではない。なぜならこれは、患者が痛みで苦しむことを取り除くための「副次的効果」であり、死という代償の大きさを知りつつ行なったことだからである。一方で、医者が患者を殺そうという意図で薬を投与するならば、それは殺人行為となる。

両者には、道徳的に意味のある違いがあるのだろうか？　多くの人は先程の医者の行為に納得せず、単なる偽装行為だと受け取るだろう。医者は痛みを和らげようとするだけでなく、命の終焉についての意図もあった。患者の痛みの軽減とともに、患者が望む穏やかな死を提供する機会としたのだ、と。

結果が単に予見されていただけであって意図されたものではないならば、その行動に責任が伴わないのだろうか？　たとえば、軍が無差別に一般市民の住んでいる地域を爆撃し、ただそこにいる反乱軍を殺すつもりだったのだ、そして不幸な副作用として一般市民が犠牲になったのだと言う。そうだとしても、これはやはり良くないことであろう。意図しない行動と予見できる結果を、道徳的に考えなければならない。

すべての権利を守る方法を探す

本章の「結末」は、実際とはかけ離れたところに落ち着いたようだ。しかし、私が「はじめに」で述べたように、すべての大きな倫理的ジレンマを「解決する」ことがこの本の狙いではない。そうではなく、倫理的ジレンマについてより真摯に考える機会を与えることを目指している。

私たちは、非常に容易かつ単純に、人々が自殺幇助をする道徳的な権利があるか否かについて考察してきた。そして「合法である」とか「違法である」などと結論を急いできた。これは、幾度となく道徳の教科書で議論されてきたことでもある。しかし、これは無責任と言っていいほど、紛らわしいことではないだろうか？

重大な道徳問題に関する法律について真剣に考えるためには、法律と道徳の相互関係を明確にしなければならない。良い法律でも、ときとして悲劇をもたらすことがある。法律と道徳についてて頭を回転させて考え、より良いものが何かと常に自問すべきである。たとえば、自殺幇助を強要されることから弱者を守る唯一の方法は、法律をそのままにしておくことだと思い込んではならない。

ヨーロッパ人権裁判所が、ダイアンの最後の訴えを棄却したとき、「法律は、私のすべての権利を奪い去った」と彼女は言った。彼女がなぜそう言ったのか理解できるだろう。しかし、命の終焉について熟考した今、それが真実からほど遠いものだということもわかるはずだ。

ヨーロッパ人権条約は、ダイアンとすべてのEU加盟国市民に対して、多くの重要な権利を与えた。けれども、ダイアンの場合、さまざまな権利の獲得は、最も重要だった権利を与えられないことへの代償となってしまった。

私たちは妥協することなく、すべての権利を守ることができるように、考え続けなくてはならない。

セックスは道徳的なことか？

現代でも倫理問題の議論は不可欠だ

性倫理はもはや古めかしい問題なのだろうか？　倫理の中でそのことを議論したものはそう多くない。ピーター・シンガー（Peter Singer）は、彼の有名な実践倫理学において「セックスは特有の道徳的課題を何ら提起しない」と、重要な倫理問題から性倫理を切り離した。セックスを重要な倫理的議論から完全に取り除く人がいれば、その人には、何か保守的で宗教的な思惑があるのかもしれない。そのような個人的な思惑については、ここで議論しないが、私は、性倫理において、今でも現実的な問題がいくつかあると考えている。

性倫理がなぜ時代遅れかというと、セックスを倫理問題とみなす古風な合理性が失われたのに加え、セックスを倫理の優先的な課題として考察すべき理由が見いだされていないからだ。

100年前に、セックスをしたい人は誰とでもセックスしてよいかと尋ねたとしたら、その答えは明白だろう。望まない妊娠や性病の感染などといった帰結は悲惨な状況を作り出すはずであり、社会はその集団に害を与える行為をタブーとする習性がある。それゆえに、長期的な一夫一婦制を認める一方で、他の性的な関係は非難されてきた。

セックスは特別に許可された関係の中のみで行なわれる神からの贈り物であるという、神学上の規範に沿った主張が強く支持されていたのである。

こういった宗教的、社会的、実践的な考え方は、もはや影響力を持たない。現在は、偶発的な性行為に対する対処法としての避妊、中絶、コンドームの使用などがあり、妊娠や病気のおそれが減少したため、宗教的な伝統的教義としてのタブーを多くの人が信じなくなっている。危険性のないセックスができると考えることは、無頓着で安易なことであるかもしれないが、許容範囲内であり、思慮のある予防措置を取ることで危険を最小限に抑えることができるならなおさらである。

今回の目的のために最も重要なことは、これは単に「実践的問題」であり、「道徳問題」ではないということだ。よって、他者を危険な目に遭わせたり、望まない妊娠をさせたりしない限り、セックスに関する道徳問題はあまり取り上げられることがない。

私たちには欲望を満たす正当な理由がある。さらに、それらにはポジティブな動機、誘因があるようだ。素朴心理学（人は誰しも自分の心の動きを説明できる自分なりの「心理学」を持っている、とする心理学）には、「抑圧」は悪しきことであり、性の表出は極めて大切であるという見解がある。

それでは、宗教的要素を除き、病気や妊娠のおそれを除いて、そこに通俗心理学を加味して問いかけよう。「なぜでき得る限りたくさんのセックスをしないのか？」。

道徳としてではなく倫理として

先程の話は、セックスに対する大衆の考えの変化について短く粗い描写をしたものではあるが、倫理におけるそれなりに正しい見方に基づいているように思える。

私たちは総じて、倫理について、特に性行為について、特定の道徳形態で考えることに慣れてしまっている。特定の道徳形態とは、許されるか、望ましいか、必要とされるか、といった行動を規定する慣例的な決まりのようなものがあるという考え方だ。依って立つべきルールがあり、そして、このルールを破ることは不道徳だとみなされる。

ここでの問題は、そうした道徳的な枠組みが強制力を持つこと、そして、尊重されるべきルールの根拠とそれを保障する制裁の両方が必要だということだ。法律用語でいうと、立法者と、権限を持った司法が必要だということになる。

宗教が道徳の源とされていた時代には問題は生じなかった。死後の世界まで罰が延期されることはあれど、神が立法者であり、法の執行者であった。しかし現在は、神を信じる多くの人々でさえも、依拠すべき根拠として教会や聖典を利用することはなくなったため、道徳上の立法府はもはや存在しないと言えそうだ。

私たちは道徳の限界に達したのだろうか？　ここでの道徳の意味が、先述のような権威に根差した規則体系であるなら、確かに限界に達したと言えるかもしれない。

道徳としての倫理は、だいたいにおいて、ある特定の社会に限定されるのではなく、一般的に共通する倫理的見解である。実際、主要な倫理的見解は道徳よりも古くから存在する。偉大な古代ギリシャ人の倫理の中核は、良い生活を送るためには何が必要かであり、そのことが再三にわたって議論された。

しかし、ニーチェ（Nietzsche）による有名な見解によると、古代の人々の「良い」は、道徳的な「良い」とは異なる。古代ギリシャ人にとっての「良い」は「悪い」の反対ではなく、人生が良くなるものを意味する。友人、健康、名誉と誠実などのすべてが人生を良くするものであり、それが良いものとみなされていた。

貧困、孤独、権利剥奪といったすべてが生活を悪くするものであり、悪いものと捉えられていた。道徳的な意味で貧乏な人は悪くないが、人生の中では多くの点で悪い状況にある。道徳的な意味で貧しい人のことを考えないのであれば、貧困を軽減するのを助けるための道徳的責任を感じなくてもよいだろう。

そこで、性倫理について考えるときに、道徳的なルールや禁止事項についてではなく、人生を良くするものとしてセックスの役割を考えるとどうだろうか？

帰結主義がタブーを葬る

生活をより良くするには2つの選択肢がある。1つは、用意周到に各状況に目を配り、賛否両論を検討し、最も有利な方にものごとを進めることだ。これは性的な事柄については、日和見主義を促進するかのようにみえる。

たとえば、ある女性が休暇を取り、長い間付き合っているパートナーから離れた状態にあるとしよう。魅力的な男性と偶然出会う機会が彼女に訪れた。彼女はどうするだろうか？

もしも彼女がその男性と共にベッドに入ったら、もちろん彼女とその男性には利点があるだろう。彼女のパートナーはその件について知る由もなく、彼が傷つくこともない。実際のところは関わった人々の性格によるが、人間関係に波風を立てないためには知らせないのが良いことだろう。

彼女がリフレッシュして休暇から戻ってくることも、彼女とパートナー両者の利点となる。パートナーに対する義務感を負担に感じ、感謝の意を表す機会を失ってイライラしながら休暇から戻ってくることは、彼への怒りを増大させるだけだ。

倫理的な考えによると、彼女が浮気をすれば、みんなの人生が良くなるという結論になる。もちろん、これだけがこのストーリーで伝えたいことではない。女性が罪悪感を感じるか、男性が精神を病んでしまうか、女性が秘密を守れるか、そうしたことで結論は変わってくるだろう。しかし、先に示したように、ある程度はうまくいくのである。この種の合理化は、世界の何百万もの人々の浮気を正当化し、認めることになる。

このことは、はっきりとは認められないまま、私たちの潜在的な倫理体系として帰結主義が確立していったことを示している。これは、社会的な責任の中にも見ることができる。たとえば、「誰にも危害を加えないならば何の問題もない」、あるいは、自己中心的に「誰にも見つからないなら、実行する」と言うことがあると思うが、これは帰結主義の極めて重大な特徴を表している。

古めかしい感覚の言葉で言えば、彼女には道徳がない。彼女は道徳的規範に対して我関せずといった様子だが、個人の行動や自身の利益を考えた行動についての価値判断は行なっている。また彼女は、暗黙のうちに「人生がうまくいくのは善いことだ」という観点の倫理を受け入れている。「誰にも危害を加えないならば何の問題もない」という考えは生活すべてを意識したもので、「見つからないなら、やる」という考えは、自分自身の生活行為のみを考えたものだ。

それは、「誰も傷つけていません」と言うことによって、一般的には間違っているとされることをした人が自らの行ないを正当化しようとする頻度において、この論理の説得力が示されている。そういうわけで、性的な乱れはタブーではなくなった。かなりの数の人々が、それが危害を引き起こすとは思っていないのだ。

気まぐれな性的関係の弊害

生活をより良くする選択肢の2つ目は、人はどうやって、自分自身の生活をより良くすることができるのかという視点で考えることだ。それは性格——古い言葉で言い換えると「美徳」——である。

休暇を取った女性の話に戻ろう。単純に推測できるかもしれないが、ちょっと考えてみよう。もしこれが、彼女の性格どおりの生活の送り方だったら、パートナーとの関係はどうなるだろうか？

彼らは、お互いをよく知り、お互いの倫理観もわかっていると仮定しよう。つまり、彼を傷つけないならば、たとえ嘘や不貞、虚偽が含まれようと、彼女はいつも彼女自身に都合の良いことをする、と彼は知っているのだ。それは2人の関係に影響するだろうか？

このことは、信頼という人間関係の一番の軸を失うことにつながり得る。十分な見返りがあったとしても彼女はそうしないとは言えず、彼は彼女を信頼することができないはずだ。彼女の誠実さを信じられないのに、なぜ彼は裏切らないだろうか？ 彼女に彼と同じような機会は訪れないとしても、彼女にとって都合の良いことができる状況になれば、彼女は彼のもとを去っていくことを彼は知っている。それなのにどうして彼は裏切らないだろうか？

今度は、パートナーを傷つけることのない、お互いのことを十分に理解し合っているカップルがいるとしよう。彼らにとっては、お互いの浮気について話さないこと、またそれについて訊かないことがお互いの完璧な幸せのために必要だ。しかし、そのようなカップルは非常に稀だと思われる。

なぜなら、嘘や不貞、虚為といった行為が間違っていると考える性格や倫理的美徳が、このような人々にはないからだ。人間の本性は誰でも同じであると信じない限り、ある人にとって良いことは、他者にとって良いことだと信じることはできない。

すべての人間が同じではないということを認めると、ある人の人生がうまくいくのには役立つことでも、別の人の人生には役に立たないかもしれないことになる。運動選手に苦痛を与えることは、その人の人生がうまくいくために役立つかもしれないが、芸術家に苦痛を与えることは、おそらくあまり良いことではない。

2つ目の視点についてこれまで述べてきた例が示すことは、長期的に生活より良くするために重要なことは、性格の特性を弱体化「させる」ことである。

しかし、親密さ、信頼、そして深い人間関係は、生活の質に違いを生む良いことであると大半の人々や心理学の専門家は考えている。誠実さ、忠誠心と意思の強さという性格の特性がなければ、そのような人間関係を楽しむことはできないからだ。


人の性格は後天的に形成されるものであり、常日頃の習慣や癖によってさらに強化されるという賢い認識をアリストテレス（Aristotle）はすでに示していた。

私たちは、自分の意思で性格の特性をオンとオフに切り替えることができない。長い目で見ると、気まぐれな性的関係は、役に立たない個人の性格特性を育むことになるだろう。もちろんそれは個人によって異なるものであり、必ずしもすべての人に当てはまるわけではないが、真面目に考える価値があるだろう。

まず、気まぐれな性的関係は、日和見主義や、すぐに利益になるものへ引かれる傾向を育てる。これは、長期的な交際をするときには役に立たず、ときには悲惨なことを巻き起こす。騙されることなく、立派に首尾一貫して行動すると信用されることによって、各状況で自分の利益をさかんに最大化させようとするよりも長期的には良い結果がもたらされるだろう。その理由はシンプルだ。日和見主義と見られている人は、自分自身で信用を損なっており、信用がなければ、相互交換という利益を得ることができないからだ。

つまるところ、人間関係において信用を失うことは、あなたとパートナーの間に感情の障壁ができるということである。付き合い始めた頃の関係は日和見主義的でもよいかもしれないが、付き合いが長くなるにつれて信用を築くことがより難しくなり、日和見主義をやめることや将来的な人間関係に発展させていくのが難しくなる。性格そのものはなかなか変わらないため、新たに信用できる人間関係を作り始めたというだけでは不安なのだ。

気まぐれな性的関係は、信頼を失う他にも難点がある。それは、異性を対象物として客観視してしまうことである。ナンパスポットで一夜のパートナーを求めている人は、それ以外には何の関心もない。人を人として見るのではなく、男女の性的関係だけを期待しているのだ。

ポルノグラフィは、女性を物として扱うものだとして批判されているが、気まぐれな性的関係は、ポルノグラフィと非常に似ているのだ。ポルノ雑誌の写真について男性たちが話しているのと、その同じ男性たちがナイトクラブで目を付けた人について話しているのを聞いたとき、どちらの会話がより不誠実な会話なのか、見分けることができるだろうか？

気まぐれな性的関係が育む特性は他にもある。1つはシニシズム、皮肉な考え方である。先程の男性たちは、快楽主義者で気まぐれな性的関係を楽しんでいるにもかかわらず、私生活において多くの人を不幸にしていることは明らかだ。セックスは単に誰かとするだけのものだという人や、誰かと付き合うのは基本的には自分のためであると言う人にとって、愛と責任という思想はおとぎ話以外の何物でもないというのも不思議ではない。そのような人との間で、信頼し合える約束などというものをどうして信じることができるだろうか？

たとえ異性に望まれることを喜びとするのだという人だとしても、気まぐれな性的関係は、自尊心にとって利益のあることとは言えない。これはおそらく、セックスと倫理について最も議論されることである。

気まぐれな性的関係は、他者を性的満足の手段と目的以上のものとしてどう扱うか、そしてどう扱われるかという問題につながる。もちろん、私たちは皆それ以上の評価をされたいと思っているはずだ。快楽の道具としてだけでなく、人間として認められることを。

新たな倫理の課題として

ここまでに述べてきたことのすべてが正しいとは限らないが、気まぐれな性的関係が前向きな性格特性を育むことに役立つとは思えない（たとえ、欲望で交際を続けるしかないとしても、そのような行為を私は理解できない）。とはいえ、私の考えが半分だけ正しいとしても、セックスは倫理的に考慮すべき重要なことだと言うには十分だろう。

男女関係に潔癖な人であれと言うわけではないし、気まぐれな性的関係を否定したからといって、独身主義だとか、パートナーは生涯で1人だけという人生設計を強制しているわけではない。

注目すべきは、今回の議論は古い道徳規範とは無関係であり、最善の結果を自然に望むためには、セックスと倫理についてさらに真剣に考察する方法を確立する必要があるということだ。私たちの生活をうまく運ぶためには、ほとんどの人々は正直で信頼ある人間関係が作れる性格の特性を育む必要がある。しかし、性的日和見主義者は、そのような性格特性者を傷つける。よって、セックスに対するどのような態度が最も有益な性格特性を育むかを考えるのだ。

これは、古いセックスの道徳規範を否定するのではなく、「すべきこと」へと導いていく。さらなる条件として、自分の生活をできるだけ良くしたいならば、生活の中で性行為をどのように行なうのか、よく考えてみるべきだろう。

これは、昔ながらの道徳主義者の立場を弱める結論ではあるが、一晩限りの性的関係を容認するものではない。だからといって、自分の気持ちに正直に生きる人のパートナー交換を認めないということでもない。実際には、自由な恋愛生活を送る人もかなり多くいるだろう。しかしそれは、セックスと倫理について再び真剣に考え始めるきっかけを提示しているということだ。もし私たちが、感情的な人間関係と自分自身の幸福と性生活のつながりを認めるなら、私生活の倫理的影響について改めて考えることは、おかしなことではなく非常に大切なことになってくるはずだ。

どうして差別してはいけないのか？

あくまで、個人として評価されるべき

あなたは差別に賛成だろうか？　その答えははっきりしていると思うかもしれないが、それは文脈によってかなり変わり得る。誰かを人種差別するなどして責めることは、重大に非難されるべきことである。

差別することとは、良くも悪くもものごとの善悪の判断基準をはっきりと区別することであるが、芸術や食べ物に関する「差別」――音楽の違いが分かること、好き嫌いなく食べること――であれば反対されることはない。しかし、差別が人々に関することの場合、それは正当化できるのだろうか？　次ページからの5つの事例について検討していこう。

(1)仕事を求めている人が2人いる。彼らの能力と適性について、1番目の候補者は必要な経験と資格をすべて持ち合わせている。他方、2番目の候補者はそのすべてを持っていない。この点以外は両者とも同じである。1番目の候補者を採用することは正当化されるだろうか？

(2)2人の生徒が、一流大学の最後の入学枠に申し込んでいる。1人目はエリート私立学校に通い、全体の中で上位の成績をとっている。2人目は、貧困地区にある公立学校に通い、非常に良い成績をとっている。この公立学校には、成績優秀者はごくわずかしかいない。2人目の生徒に一流大学入学の最後の枠を与えることは正当化されるだろうか？

(3)2人の候補者（男性1人、女性1人）が、体力が求められる仕事に申し込んでいる。両者ともに等しい資格があるが、一般的に言って男性のほうが女性より体力がある。ここで、男性だからという理由で、この男性を採用することは正当化されるだろうか？

(4)家主が、アパートを誰に貸すべきか決めようとしている。賃貸住宅仲介業者は、2人の候補者を選んだ。家主が知っていることは、1人目は30歳の男性でタトゥー・アーティストであるということ、２人目は40歳の女性研究者であるということである。家主が、たったこれだけの情報を基に、女性研究者を選ぶことは正当化されるだろうか？

(5)同じ資格を持つ黒人アメリカ人と白人アメリカ人が、同じ仕事に申し込んでいる。白人だからという理由で、白人アメリカ人を採用することは正当化されるだろうか？

自由主義者たちは、正当な選択理由があろうがなかろうが、個人的な見解で欲しい人を決定すればよい、誰を選んでも構わないと主張するだろう。言い換えると、差別は嘆かわしいことだが、身をもって差別を知る権利があるということだ。

しかし、「正当化される」ということが「道徳的に擁護できる」ということを意味するならば、ほとんどの人が上記の５つの質問に対し、すべて「イエス」と答えることはないだろう。そして歯がゆいことに、根拠のない偏見を心に抱かない限り、どうして「イエス」を選択するのがためらわれるのかを理解することは難しい。大半の人々にとって、２つの答えは明確で、その他３つの答えは若干難しいかもしれない。

簡単にジレンマを解消できるのは、最初の(1)と最後の(5)の事例である。事例(1)のように、より適性のある候補者を選ぶことは、候補者を資格によって区別すること、つまり、多少の差別が表れている。しかしこれは、まったく許容できる範囲内のものであり、差別について話すときに指摘されるようなものではない。

事例(5)のように、白人だからという理由で黒人アメリカ人ではなく白人アメリカ人を雇うというような差別は模範的に間違った事例である。これが受け入れがたいのは、この差別が適切な判断力の欠如を表しているからだ。人の肌の色は仕事をする能力とは無関係であり、この要因に基づいて誰かを選ぶことは、能力、適性、資格などについて区別するとはどういうことかについての無知をさらすことになる。

差別の問題は、差別をするか否かということだけでなく、差別の根本にあるものごとが何であるかの問題なのだと直ちに理解できるはずだ。人間関係の違いなどに基づいて区別を行なうのならば問題はない。しかし、無関係な違いに基づいて区別を行なうのであれば、無知または偏見に基づいて行動していることになる。

であるならば、無知や偏見は差別と同じものと言えるだろう。

それでは、他の3つの場合については何が言えるだろうか？　きちんと分かっていて区別することと、分かっておらず偏見を持った差別をすること、この違いは、どの事例でも常に登場するものなのだろうか？

帰属関係に基づいて差別してはならない

先程の事例においては、明らかに許容できるものと、明らかに受け入れがたいものとの間に明確な違いがあった。前者は、個人の特性（資格と経験）に基づいて関係者を区別していたのに対し、後者は集団の帰属関係（肌の色）だけに基づいて区別していた。これは、差別の問題において善悪の間に線を引く（分ける）単純な方法を提示しているように見える。

ここで、体力の強さが求められる仕事に申し込んだ男女、事例(3)を取り上げよう。概して、性差によって、それぞれ体力のレベルが異なっているというのは事実かもしれないが、その違い自体は男性を選ぶことを正当化する理由にはならない。

集団の特徴は単なる標準でしかないからだ。もしかすると、その女性はその男性よりも体力があるかもしれない。

仕事の必要条件が性別・ジェンダーに関係なく、身体の強さに関係することから、雇い主は、候補者の身体の強さを試験し、その結果に応じて判断すれば良い。もし候補者全員が他のあらゆる点で同等で、候補者の中のある女性が他者よりも体力があるのであれば、彼女がその仕事に採用されるべきである。彼女の性別という一般的な特徴は、彼女個人を評価する正当な理由とはならない。

これは、極めて重要なポイントだ。しばしば、差別的な雇用や求人方針を正当化するために、男女間の適性と能力の違いを示す研究が取り上げられる。しかし、ジョン・スチュアート・ミル（John Stuart Mill）が1869年に論じているように、男女間の適性や能力の違いによって、女性が「男性の仕事」をうまくこなすことができないというのであれば、差別は不要である。ミルは言う。「彼女らはできることはする。しかし、競争相手である男ほど良くできないのであれば、彼女らを除外する理由としては十分だ。女性が本来できないことについて、それをすることを禁ずるのはまったく無駄である」。

男女間の違いが、単に集団の一般的な特徴によるものであるならば、どんな条件であろうと、女性でも仕事をすることが可能であり、自身の技能を証明する機会が与えられるべきだろう。また、まったく同じように、「女性の仕事」をすることができないと考えられている男性についてもも同様の事実が当てはまる。

しかし、個人の能力を評価することができないとなればどうなるだろうか？　意思決定をするための適切な根拠として、集団の典型的特徴を利用することは正当だと認められるだろうか？　たとえば、あなたが紙の申込書だけに基づいて求職者を選ばなければならず、体力に関するデータがない場合、一般的に男性の方が身体的に強いということに基づいて、男性を採用することは正当化されるのだろうか？

これは、入居者がきれいできちんとしていることを望む家主が、提示された条件だけから判断することを求められている事例(4)と類似した状況だ。

家主は、次の入居者がどのくらい潔癖なのかとか、やかましいのかなどを知らないし、知ることもできない。しかし、家主は、年上の女性研究者より若い男性のタトゥー・アーティストのほうが、一般的に言ってきれいではないと思い込んでいる。家主が年上の女性を好むことは正当化されるだろうか？

答えを導く方法を決定する前に、考慮すべき点について確認しておこう。第一に、集団間の違いを生み出す一般的な言説が正しいかどうかという点だ。

男性よりも女性の方が家を掃除している、という経験的証拠があるのは確かだが、これは、女性が男性より家庭的になることが自然なことだということを必ずしも意味しない。社会情勢や背景によっては別の傾向が見られるかもしれない。

さて、家主には、タトゥー・アーティストが研究者より清潔でないと信じる根拠があるだろうか？　恐らくないだろう。これは偏見の表れと言える。実際には、タトゥー・アーティストは器材とスタジオを普通の人以上に清潔にしておく必要がある。一方で、研究者には、飲み終わったコーヒーカップや積み重なった書類をそのままにする傾向がある。そうすると、研究者よりタトゥー・アーティストのほうが、より適した入居者となるのかもしれない。

だからたとえ、一般的に、女性が男性より整理整頓が得意で、家をきれいに保つということが本当だとしても、次の入居者の中で、ある人が他者よりしっかり部屋の管理ができるかを予測するためには、家主はまだまだ質問しなければならない。

これまでの内容では、答えを導く情報が足りない。ジェンダーは、個人がきれいできちんとしているかどうかを予測する情報としては頼りない。また、入居希望者が同じアパートに興味があるという事実は、どんな家を希望するかについて似たような価値観を共有していることを示唆する。

集団の帰属関係に基づいて差別することが間違っている理由を2つあげよう。1つは、自らの価値観で人を判断することができるときに、集団の一般的特性に基づいてその人を判断することは間違っているから。2つ目は、自らの価値観で人を判断することができないときでも、個人のそれまでの言動から信頼できる情報を汲み取らないままに、判断基準として集団の帰属関係を使うことは間違っているからだ。

しかし、もし集団の中で一般的特性の違いが重要であり、個人の利点を判断基準にはできないとしたらどうなるだろうか？　ここでの区別の根本に、集団の帰属関係を使うのは妥当だろうか？

曖昧な予測しかできないときに、選択の根拠としてはっきりした違いを利用することが合理的だという考えは一般的に認められている。たとえば、海外旅行の訪問先を選ぶ際、寒くてじめじめしている可能性があるとしても、平均してみるとより暖かく、よりカラッとしている国を選択することは理にかなっている。

同様に、以前利用したサービスが、他の会社より良いとわかっている会社に製品を注文するのも合理的である。たとえ、選択されなかった会社がそのサービスを改善し、より良いものになっている可能性があるとしてもだ。

結果がどのようなものであるかはっきりと知ることができないとき、選択肢と与えられた可能性の他に、どんな原則や根拠が使えるだろうか？

この場合、ある集団を他の集団より好むというある種の偏見が、私たちの中で定着していないことがとても重要だ。たとえあるグループが他のグループよりよく仕事ができるということが真実だとしても、やはりどちらのグループのメンバーであるかによって差別するべきではない。

この主張の影響力は、集団の差がどのくらい重要かによるだろう。現実の世界では、志望者の経験、資格や動機以上に仕事への適合性について詳細を伝えるようなものはほとんどない。よって、性別を使って区別することは、あまり有意ではないところに過度な重きを置くことになるだろう。

実際は、ほとんどあらゆる場合で、私たちは個人としてその人を評価するし、集団の差を区別の根拠として正当化しようとしても、十分な説得力を持たない。

また、ほとんどすべての事例が集団の帰属関係に基づいて判断されないという倫理観が望まれることを示している（文字通りすべてというわけではないが）。たとえ集団差が本当に存在するのだとしても、それに基づいて差別することは間違っているのである。

帰属関係を使ってよりよく評価する

帰属関係に基づく差別の禁止という規則に例外はあるだろうか？

2人の生徒（1人はエリート私立学校に、もう1人は貧しい地域にある公立学校に在学している）が一流大学を志望した事例(2)を見てみよう。

より良い学校に通うと、より良い成績をとることができるはずだ。両親が我が子を良い学校に入れさせるために高額の費用を費やすのはそのためでもある。すると、貧しい学校で良い成績を修めた生徒は、エリート私立学校の生徒よりもより良い成績をとることができたかもしれない。

もしこれが本当ならば、生徒の長所を評価するとき、相対的な成績の良し悪しという要因が必要にならないだろうか？　もし大学が魅力的な、最高の学生を入学させたいのなら、生徒の成績以外の、素晴らしい能力について明確化する必要がある。

私は、これが説得力のある議論につながると思う。子供たちの個人的な能力を判断するのではなく、集団として子供たちの教養を区別することは認められていない。そうではなく、特定の集団の集団の中での個人を評価するために社会的背景の影響を使うのである。

集団に関する事実は、個人的評価を置き換えるものというよりは、個人的評価をより正確に行なうために使われるべきなのだ。

これは、「積極的差別」(少数民族や女性に対する差別状況を是正するために行なわれる差別)とは少し異なる。たとえば、経営陣がより多くの女性を雇うという決定を下したとする。というのも、それまで男性の方が働くことに適していると当たり前のように考えられ、それゆえ、男性の方がより多く雇用されてきたため、そこには、正すことが必要とされるある種の偏見が存在していると彼らは考えたのだ。

このとき経営陣が、なぜ男性よりも女性が多く雇用されてきた理由をはっきりさせれば、それが公立学校の生徒の事例(2)と極めて類似していることがわかるだろう。

ひょっとしたらこの組織には、選択手順に偏りが組み込まれていたか、面接官自身の無意識な偏見があったかもしれない。あるいは、求人広告が女性の志願を妨げるようなものだったたかもしれない。

経営陣がさまざまな情報を考慮した結果、女性就職志望者をこれまでと異なる扱いをする必要性を感じて決定したのだとすると、今後は有能な人材を見落とすことが減るかもしれない。

たとえ女性を雇う正当な理由が見当たらなくとも、もう1つの選択肢として、単純に割り当て数を導入し、より多くの女性を雇用しようとすることもできる。こちらが、集団の全体、または個人の事実（現実）を基にした「積極的差別」である。

これは、当たり前のこととして正当化できるのだろうか？　多くの人は正当化できると思っていない。たとえ女性が仕事場で差別されているというのが真実だとしても、二重の誤りから正しいことは生まれない。もし男性であるという理由で男性を雇用することが間違っているならば、女性であるという理由で女性を雇用することも間違っている。

もしそこに平等問題を関わらせるのであれば、その答えは「積極的差別」ではなく「アファーマティブ・アクション」（マイノリティー優遇措置）のはずだ。これは、機会の均等を保障するだけでなく、最終的には平等を目指して、雇用・教育・住宅や補助金の配分などについて、長い間不利な立場、環境に置かれてきた黒人・女性・少数民族などを優遇する各種措置を意味する。

個人的には、「アファーマティブ・アクション」は、「積極的差別」よりも奇妙だと思う。状況次第では「積極的差別」を行なうことも考慮しなければならないのかもしれない。

実のところそれは、心理学者、社会学者や人類学者がよく理解しているところである。彼らによると「偏見とは、すべての人を等しく扱いたいという非常に強い願望」ということらしい。そうであるなら、偏見なしに公平な決定を下すことができる人を信頼し、社会の不当な扱いを正そうと試みたとしても、まず成功することはないだろう。

状況に応じて判断

いくつかのシナリオを議論し、さまざまな状況がまさに異なる対応を求めていることが明らかとなった。公平か公平でないかで単純に「差別」だと呼ぶことはできない。差別にはいろいろな形があり、差別をする動機もさまざまである。良くも悪くも、すべてその状況に応じて判断される。

悪質な差別を避けるべきだという最良の理由としては、十把一絡げに括り、長所を活かすことができないようにすることは合理的ではない、という点をあげておこう。

自由市場は公正《フェア》か？

少しの規制でよりフェアになり得る

2010年代の初めごろ、西側諸国の経済は不安定で、不況へと後戻りする恐れがあった。市場の失敗は、左派政党の周辺だけでなく主流派の経済学者や保守的な政治家の間でも周知のことだった。市場経済はそもそも機能するものなのか？　機能するとして、それは公正に機能するのか？　このような疑問が、政治的な議論の中央へと躍り出てくるようになってきた。

「市場の失敗」は2つの意味に解釈できる。富を公平に分配できていないという道徳的な失敗と、市場が効率的に機能していないという実質的な失敗だ。これら2つの失敗に関連はあるのかもしれないが、基本的にはまったく違うものだ。よって、資本主義に対して道徳面から異議をとなえる人々が、資本主義は実質的に持続不可能なのだと性急に主張するなら、それは的はずれである。

自由市場の原理

完全に自由な市場の要となるのは、労働を含め、人が何にお金を払うかを制限したり、統制したりしないことだ。価格は需要と供給によって決まる。人は、何かを欲しいと思ったり、必要としているときにお金を払う。だが、値段を上げ過ぎればすぐに買うのをやめてしまうので、限界まで値段を下げざるを得ない。

逆に、値段を低くし過ぎると、先を争って買うようになるため、限界まで値段が上がる。人々がもっと多くを欲しがり、そしてもっと多くを作れるならば、儲ける好機とみなされ生産量が上がる。もし生産を増やせないなら、値段だけが高くなる。

重要なことは、これが効果的かつ公正だと、はっきり主張されていることだ。これ以外のどんな方法でも、製品や商品の「自然な」価格を導き出すことはできない。

たとえば、ジャガイモとキャビアの値段を比べてみよう。キャビアがジャガイモより高いのは、よりおいしいからだろうか？　私はそうは思わない。もしジャガイモが希少だったら、それが世界で一番珍しい高価な食材になると賭けてもいい。フライドポテトは美味しい。けれども、たくさんある。だから安いのだ。キャビアはとても素晴らしい食材だ。しかしそれは、希少だからこそその味も珍しいのであり、それほど頻繁に食べないものだからこそ、より高い金を払うのだ（しばしば値段が高いこと自体を理由に進んで金を払う人がいるが、それはまた別の話だ）。


市場によって設定された価格は、次の2つの理由で公正ではないと思われる。まず何より、他より重要で欠かせないような物があり、それが充分にないときに、貧しい人がそれを買えなくなることは正しいと言えない。

たとえば、HIVをやっつける抗レトロウイルス薬の市場価格を考えてみよう。その価格は発展途上国の人々にとっては高すぎる。ゆえに、それでは公正とは言えない。ブランドもののハンドバッグに高すぎる値段がつけられ、そこまで支払うのは馬鹿らしいと思う人がいたとしても、それはそれで良い。しかし、絶対に必要な薬やきれいな水に高すぎる値段をつけたら、人は払うしかなく、彼らの必要性につけこんで金持ちになるのはいかがなものか。

仮説では、他者がやってきて競争し、価格が下がるとされているが、現実にはいつもそうなるわけではない。たとえば、過疎地域や空港のような閉鎖された環境では、競争相手が現れなかったり、現れるのに時間がかかったりするだろう。

しかし、これにはごく一般的な答えが存在する。本当に公正な市場では、独占販売はめったに起こらない。価格の人為的な上昇の原因は、カルテルや適切でない規則が競争者の参入を防いでいることだ。だからこそ、ときとして市場は規制を必要とする。市場を完全に無規制にはできないのだ。さもなければ、カルテルが消費者を食いものにするだろう。ただし、市場が規制を必要とするのは真に自由な取引が行われるためであって、自由であることに問題があるためではない。

必需品の価格が貧しい人にとって高すぎる状態になることも起こり得るが、それは必ずしもシステム自体に欠陥があることを示すわけではない。社会正義の名の下に、私たちが特定の必需品に助成金を与えることを望んでいるだけかもしれない。

これは、西側の自由民主主義が採用している方法だ。たいていの場合自由市場をそのまま機能させつつも、薬や公共交通機関などの価格を下げるための介入を行なう。

自由市場擁護者の中には、これでもすでに介入しすぎだと考える人もいる。彼らに言わせると、平等でないことが不当なことの表れとして考えることが問題なのだと言う。現実社会では、人がそれぞれ自由に暮らしているために、その証として異なる価値観のもと異なる暮らしをしている。不公平に見えるものに対する異議申し立ては、すべて棄却することができると言う人もいる程だ。

不公平な自由市場

資本主義の国際的な不公平を示す例を1つあげよう。安い賃金で長時間働く人が世界中にいることだ。ときにそれは危険だったり、とても不快な環境での仕事だったりする。安い作物を作っていようと、高いブランドものの服を縫っていようと、彼らには私たちが払う代価のほんの一部しか支払われない。これがどうして公平と言えるだろうか？

公平であるとする反論に、彼らは奴隷ではないというものがある。誰も彼らに働くことを強制していない。彼ら自身の自由意思で、他よりましだと判断して働いている。だから公平だと言うのだ。

ヨハン・ノーバーグ（Johan Norberg）著『グローバル資本主義の防御』には、次のように書かれている。「発展途上国では、アメリカの多国籍企業で働くだけで平均の8倍の報酬が得られる。これが、彼らが仕事を得るのに列をなす理由だ」と。

ここで鍵となる概念は「インフォームド・コンセント」だ。誰かが騙されて売春をさせられたり、良い給料をもらえると聞かされていたのに少額しか報酬が支払われないとしたら話は別だが、何をするのかを十分理解した上でその職に就くなら、どんなに危険だろうが、不快だろうが、問題ではない。彼らはただ理性的な判断をしているのであって、すでにある苦境以上に苦しむわけではない。

この考えはいけないことだろうか？

もしこの主張が成立するならば、これは心強い主張であり、先進国に住む私たちの良心は晴れるだろう。しかし、同意があれば問題がないとして、本当に良いのだろうか。

人はときとして酷いことを選択しなくてはならない。実質的に選択肢がないからだ。売春が良い例である。性労働が最終手段ではなく、意図的な職業変更だという女性もいるだろう。しかし多くの場合、彼女たちはせっぱ詰まってその職業に追いやられるのだ。女性が物理的に強制されない限り売春は搾取ではないと考える男性は、確実に勘違いしている。

より良いものを少額で、または無償で提供できるにもかかわらずそうしないで、不快なことを強制している、ということも公平ではないことを示している。

西側諸国に製品を供給する発展途上国の工場経営者が、以下のようなことをするのは珍しくない。充分なトイレ休憩を与えない。水を飲むことを許さない、その地域の法や健康・安全基準を守らない。……リストはもっと続けることができる。

こんな環境で働くことがその地域で一番ましなことだとしたらどうだろうか？　もし、あとほんの少し投資することでこの困難を取り除けるとしたら、なぜそうしないのだろう。

ヨハン・ノーバーグが主張するように、人々はこの職を得るため列をなすかもしれない。だが人は、ひどい困窮状態にあればどんなものにでも列をなすのだ。だからといって「アメリカ並みの賃金を支払わなければならないとしたら、彼らを雇うことはできないだろう」と言うのは見当違いなことだ。彼らの選択は、搾取工場か西側並みの賃金と労働環境かではなく、まあまあの仕事をしてまあまあの生計を立てるか、かろうじて生きていくために長時間ひどい環境で働くか、なのだ。

自分で選択した以上何が起ころうと誰にも関係ないとされるからこそ、選択のためには十分な情報が与えられなくてはならないし、強制してはいけない。そして、その後受ける待遇は、合理的に予測できる限り公正なものでなければならない。先程のような環境が、搾取工場で働く人々にふさわしいと心から言えるだろうか？　私はそうは思わない。

「ないよりまし」は欺瞞

次に予測される反論は、この手の仕事でもないよりはましだ、というものである。

たとえば、「競争力があり、企業家精神にあふれた民営企業の力を信頼し、政府の規定と管理における個人的な選択肢の拡大を改善・促進」することを目的とする政策分析国立センターNCPA（National Center for Policy Analysis）は、次のような主張をしている。

多くの搾取工場が明らかにひどい状況であるにもかかわらず、人々がそれらの工場で働くことを自由意思で選ぶのは、見下げ果てた仕事でもないよりはましだからだ。

労働者が自由に選んでいるわけではないことは認めている。しかし、私たちがこれらの工場からくる商品を買わなければ、労働者たちの暮らし向きはいっそう悪くなる。低賃金で辛くてときに危険な仕事は、まったく働かないよりはましであり、その意味において、選択は彼らの自由だというのだ。

この主張には立派な由来がある。ルーシー・マルティネス＝モン（Lucy Martinez-Mont）が『ウォール・ストリート・ジャーナル』に書いた記事「搾取工場もないよりはまし」が最も引用される例だ。その中で彼女はこう書いている。

児童労働で作られた製品の輸入を禁じることは、彼らの仕事を奪い、人件費を急騰させ、貧しい国々から工場を追い出し、負債を増やす。裕福な国々が貧しい国々を妨害し、貧しい子供たちのより良い未来への希望を否定することになる。

マルティネス・モンの言うことは真実だ。だが私たちがなんのとがめも受けることなく、児童労働で生産された製品を買い続けることができるということにはならない。現状維持か、製品の輸入禁止かの二者択一ではないからだ。

これは、ほとんどの「フェアトレード」運動家たちがよく知っていることである。たとえば、マキーラ・ソリダリティー・ネットワーク（Maquila Solidarity Network）は「幼年労働によって作られたすべての製品の全面的ボイコットを助長するな」と助言した。

それは、ただ単に、顧客が撤退してその地域に何も残さないことが、本当に助けたい人々に害をなすという理由からである。倫理的貿易の主導権（The Ethical Trade Initiative）の基礎規約は、「幼年労働の新規雇用」を禁じ、それを構成企業に力説している。

重要な点は、劣悪な労働環境でも仕事がないよりはましかもしれないが、そのような状況が維持されることは正当化されないということだ。代替案があるはずで、それによって事態は好転するはずだ。

子供にカロリーの高いスナック菓子やファストフードを与える親は、それらがないよりはましだからといって、非難されるいわれはないなどとは言えない。なぜなら、親は子供に他の適切な食べものを与えるという選択肢があるからだ。同様に、もし私たちが製造者ともっと会話をする努力を惜しまないのであれば、搾取的な労働に頼って生産されたものを買うことに代わる代替案は、今やたくさん存在するはずである。

フェアトレードは不公正《アンフェア》

発展途上国が必要としていることは自由主義者の気ままな善意ではなく、真に自由な国際市場なのだという主張がある。それによると、西側先進国が、輸入関税や農園助成金といった市場を歪ませるものを排除すれば、コーヒー農家は豆の生産によって豊かな生活を送れるはずなのだと言う。

この主張の主な問題点は、現在はそうであるべき自由市場が存在しないという事実だが、真に自由な市場が、期待されるような公平さをもたらすかどうかを知るのはとても難しい。とはいえ、経済学者ではない私の目には、それはまったくありそうにないように見える。

実際的な視点から見れば、本当の問題は、国際貿易が真に自由になったら何が起こるかではなく、今の状況で何ができるかである。障壁が撤廃されたら、おそらく発展途上国の農民の暮らし向きは良くなるだろう。しかし、現実はそうはなっていない。だから、現実世界での問題は、生産者を搾取する歪んだ市場の中で製品を買うか、搾取を助長しない製品を買うかとなる。そして倫理的に許容される唯一の答えは、私たちはできる限り、生産者を搾取しないよう努めるべきだということだ。

私は、「公正に取り引きされた」製品を買うよう努めるべきだと勧めるが、これに反対する経済学者も中にはいる。彼らが言うには、それこそ市場を歪め、結局は良い結果ではなく害をもたらすというのだ。自由市場の研究機関「アダム・スミス協会（The Adam Smith Institute）」は以下のように述べている。

フェアトレードは、市場価格より高く払うことによって、その恩恵を受けた農民に、市場の状態に注意する必要はないと保証する。市場は通常、世界的に余剰生産されている場合に、生産を削減するべきだと知らせるものだが、フェアトレードはそれを妨げる。その結果フェアトレード農家が増え続け、生産を拡大し、余剰生産をさらに増やし、何百万のその他の貧しい農民の生産者価格を押し下げてしまう。

これは、ピーター・グリフィス（Peter Griffiths）が雑誌『プロスペクト（Prospect）』の中であげた例でもあり、深遠な道徳問題だ。「単に、ある農民たちの収入が少し増え、他の人々の収入が少し減る、という問題ではない」と彼は書いている。

これは2500万戸のフェアトレードに参加していないコーヒー栽培者を支援しない一方で、150万戸のコーヒー農園の労働者に補助をすることを意味する。これはとても少ない。彼らのほとんどは零細生産者で、しかも、彼らがコーヒーから得る収入はほんの少しだ。

私は経済学者ではないので、このロジックが正しいかの判断は難しい。この議論は、市場価格以上の支払いを受けているフェアトレード農民が、他の生産者の生産者価格を下げると仮定している。しかしこの仮説は、非・フェアトレード市場で起こっていることに基づいている。フェアトレードが世界市場に占める割合は小さく、より広い経済に大きな波及効果を持つことはまだない。

フェアトレード財団法人の取締役ハリエット・ラム（Harriet Lamb）は、グリフィスの主張を退け、次のように述べている。

さらなるコーヒーの作付けを増やすのではなく、他の収入源の質と多様性を発展させる機会をもたらすのである。フェアトレードが広がれば、より多くの農民が、慈善に頼るのでなく、貧困から抜け出す道を切り開くより良いチャンスを得るだろう。

これが「抜きんでて優れた」自由市場のメカニズムなのだろうか？　自由市場は本来、どのように機能するべきだろうか？

価格は政府や規制者によって固定されることなく、市場の状態で決まる。商品が十分にあり、そこそこの需要しかないなら価格は下がる。もし需要が増加して供給が追いつかなければ、価格は上がる。

こういった市場では、いわゆる人為的な高価格というものはないはずだ。フェアトレードのコーヒーは、人為的な高価格であるように見えるとたくさんの経済学者が警鐘を鳴らす。

しかし、これは市場に依存した上乗せであって、市場に反した上乗せではない。消費者はその商品が生み出すと彼らが信じる利益のために余分に支払っているだけだ。だから価格はそれだけで上昇する。

この意味で、フェアトレードの上乗せ価格は、他の割り増し料金となんら変わりはない。それが他より小規模で、不純度がより低いことは確かだ。

たとえば、有名人のお墨付きのある、またはロゴの入った商品に、人は喜んで余分の代価を払う。ブランドの力は歴然とした事実だ。それは人々に他よりも多くのお金を払うようし向けることを可能にする。アディダスのTシャツが人為的な高価格で市場を歪ませている、と経済学者が非難するのを、私はまだ聞いたことがない。

自由か、公正か？

自由市場は公正になり得る。一般的に言って、もし私があなたの欲しいものを持っていたら、私が売っても良いと思う価格より安い価格で手放すことを強制されるべきではない。私たちは自由に自分の望むものを作ったり売ったりできるべきだ。

一方で、取引関係には明らかな不平等と不均衡があり、それは不公正なものになり得る。独占販売で不当に儲けたり、価格を高く維持するためにカルテルを組む場合がその例だ。

したがって、より多くの社会正義を達成するために、広い意味での自由市場に基づくシステムを廃止する必要はないと言えるだろう。私たちがすべきことは、生産の末端にいる労働者のための最低基準を要求することであり、自由市場の有害な影響を制限するように規制することだ。そして、貧しい人が買えない高すぎる必需品を、彼らが確実に入手できるようにできるだけ介入することも必要だ。

革命といえるほど刺激的なことではないかもしれない。だがときには、私たちが持つものを完全に違うものと置き換えるより、少しばかり今を変化させることで、別の世界が開けることもある。

環境保護は正しいことだろうか？

私たちのために守る

人為的な要因による気候変動は、どれほど急速に引き起こされているのだろうか？　多くの科学的な調査が、今の気候変動には、人為的要素が大きく影響していることを認めている。深刻な環境汚染を引き起こす物質や炭素燃料の使用を擁護するごく少数の人々は、それらの脅威は誇張され過ぎていると主張している。

この論争は、実際的な議論でもある。気候変動は起こっているのか、その影響はどのくらい広がっており、結局のところその影響は悪いものなのか、その被害を阻止する、あるいは最小化するために私たちには何ができるのか。道徳的な事柄は中心的な問題ではないかも知れないが、看過できない。誰が環境の回復の仕事に当たるか、金持ちか貧しい者か、今の世代か次世代かを含めて考える必要がある。

環境に関わる別の次元の議論もある。前後の見境なく環境に被害を与えることは不道徳なことだろうか？　この問いについてさまざまなことが考えられ、「地球の破壊」、「地球の収奪」「自然の略奪」などの表現がなされている。人類が行なっていることが単に人間自身の生存を脅かすだけでなく、その犠牲となっているのは自然そのもの、ガイア（巨大な生態系、地球）だと言うのだ。

自然に害を与えることが道徳的に間違っていると認めるかどうかは、地球温暖化やその他の環境への脅威に対し、私たちがどのように対応するかによって大きく違ってくる。一体どうやって理解を深めたらよいのか。まずは「自然とは何か？」から始めよう。

自然は発見されたもの

人類の歴史のなかで最も重要な出来事の1つとされるのが、紀元前6世紀の自然の発見、あるいは発明だろう。

ミレー族として知られるイオニアの哲学者の集まりが現れる前は、自然世界と超自然世界の区別はなかった。なぜ雨が降るのかと問われたら、神の意図であると言うのが適当だとされていた。それゆえ、旧約聖書の申命記には、神の命令に従うと「あなたがたの地に雨を、秋の雨、春の雨とともに、ときに従って降らせる」と、神の命令に従わないと「天を閉ざされるであろう。そのため雨は降らず、地は産物を作らない」と約束されていた。そのような世界では、自然は宿されたものであり、超自然の1つであった。

ミレー族はあるとき、超自然的存在の欲望や意図にも頼ることなく、自然界で起こる現象について説明が可能だということに気が付いた。神々の意志が神秘のままであったのに対し、自然は理解可能なものになった。つまり、人類はある程度自然を理解し、克服できたことになる。また、この自然という概念の解明が科学や哲学を可能にしたのだった。

「自然とは何か？」という問いに対する適切な見識と「世界はどのように動くのか？」という真実に近い知識との密な関係は、自然は科学や科学技術と衝突するという現代の通念とは真逆であった。

自然は人類によって手が加えられていない世界であり、人間によって賢明にも愚かにも濫用される空想的なものだと考えられてきた。そのような見解が人間の知識の中核にあると気が付いたときにようやく、自然とは何かということを理解できるのである。

つまり、人間が自然に「手を加えること」を「神の遊び」と言うのはまったくの誤りである。フランスの数学者で天文学者のラプラス（LaPlace）は、「宇宙論（cosmology）には神の仮説は必要ではないが、科学についてもまた同様だ」とナポレオン（Napoleon）に語った。自然は自然の力によって制御されており、人間が自然を操ることも、神になることもないということだ。

神が宇宙を創造し、科学的法則を確立したと信じる宗教的な科学者でさえも、普通は、神が糸を引きながらときを操っているとは思っていない。

この自然の概念の系譜は、今日の自然界と人間との関係について心配している人にとっては見当違いだと思われるかもしれない。イギリスのチャールズ皇太子（Prince Charles）がフランス、パリ地理学会からメダルを授与された際、次のように演説した。「真の持続可能性は、人間の野望に対して一定の制限を受け入れ、自然の神秘的なプロセスに対して調和するよう働きかけることに依存するものであることを理解しないと、想像を絶する自然災害に直面することになるだろう」。

可能な限り自然を変えようとせず、そして「自然の神秘的なプロセスに害を与えないようにする」ためには自然との調和が必要であるという明確なメッセージを伝えたのである。しかしこのメッセージは厳密さに欠けるものだった。

地球をできる限り傷つけるべきではないという考えは無意味である。火をおこし、田畑を耕すことから、雨風をしのぐ人工的な建物の中で農業を行なうようになるまで、これまでに起こった人類の進歩のすべてが世界を変えることだった。女性の出産時の死亡率の減少、衛生状況が悪いために死亡する子供の数の大幅な減少、あるいは西洋社会の寿命の伸び、これらのことのすべては、人類が自然を見つけたときとは異なる方法で自然を作り出してきたからこそ実現した。

人類と自然は対立していない

自然と共に生きるという考えは、自然の力に同調して抵抗しないということなのだろうか？

そのような概念について、現代の医薬品以上に皆が好む「自然治療」で説明してみよう。自然治療が自然の潜在力を活用する一方で、現代の医薬品は潜在力を奪おうとするものとされている。

しかし、医薬品が正常に作用するのは、正常に癒すための自然の力を利用しているからだ。医薬品が自然の法則を無視して作用することはない。すべての医薬品は、癒そうとする部分と害を与えてしまう部分とが拮抗するものであり、ある因果的な力とその他の力を闘わせようとするものである。

物理学者のリチャード・ファインマン（Richard Feynman）は「科学技術の成功のためには現実が優先されなければならない。自然を欺くことはできない」と述べた。

科学は自然の法則に反していないことから、すべての科学の進歩は自然の流れに沿って働かなければならない。つまり、科学は自然の法則に制約されるのである。科学は自然を省いていないが、医薬品の代わりとなる多くのものや解釈が、超自然の力の存在を前提としている。

チャールズ皇太子は実際、「自然の神秘的なプロセス」を引き合いにだし、「自然は、予測不可能で非人間的で、気まぐれな神に支配されており、本当に神秘的である」とホメロス（Homer）の世界観を語った。

現実には、自然が徐々に人間の支配下になってきているという事態に世界が直面している。公害、地球温暖化やバイオテクノロジーなど重大な問題が存在する。これらの問題は錯覚ではない。では、「自然とは何か？」という問いへの適切な見解は、環境を保護するべきかという真のジレンマに取り組む私たちをどのように助けてくれるだろうか？

「自然とは何か？」という質問への正しい解釈から、私たちは他者を惑わすような情報を避けることができたり、「真の問題は何か？」という点に焦点を当てたりすることができる。

たとえば、地球温暖化を例にあげよう。気候変動に関する国際委員会は、この現象に関する信頼のおける科学情報について、最新の報告書で「過去50年間で太陽や火山の力の全体はおそらく「冷却」に向かっている。それゆえ観察された温暖化のパターンとその変化は、人為的な力によるものと考えられる」と結論づけた。

さらに、アフリカでは、2020年までに「7500万から2・5億の人々が気候変動による水不足に遭うと予測されており、そして一部の国では、天水農業からの収穫は50％まで削減されるだろう」と予測されている。

これらの問題の本質を人類VS自然としてみた場合、解決策を早急に見つけることは難しいだろう。問題を間違った方法で捉えることは、解決の妨げとなるのだ。

たとえば、環境問題を重視している「緑の党（Greens）」は、どんな科学技術の影響をも嫌う気質を持っている。人間が自然にごくわずかな害しか与えないことが唯一の解決策と考え、自然を軽視していることが環境問題の原因だと思っているのだ。

このことは、遺伝子組み換え（GM）作物の事例によって明らかにされている。ここで問われていることは、生物多様性（生物多様性に関しては、別の問題を提起している）、人間の健康、農民の暮らし、そしてそれに依存する人たちへの脅威についてだ。それらの危険性は明らかに誇張されている。

イギリス政府首席科学顧問であるジョン・ベディントン卿（Sir John Beddington）は、「遺伝子組み換え作物による収量の増加と害虫や病気からの損失の減少はすでに実証されている。そして遺伝子組み換え作物は、増加傾向にあり、地球規模で成長している」と述べた。また、「オーガニック栽培と遺伝子組み換え作物間のイデオロギーの障壁を下げること、そして食糧生産の持続的な増大を実現するため、遺伝子組み換え作物とオーガニック栽培を合わせて得られる効果を有効活用すること」の必要性について語った。

その上で彼は、遺伝子組み換え作物に反対する多くのイデオロギーが細分化しているため、適切な議論は不可能であると繰り返し訴えた。ベディントンは、新しい科学技術の危険性を査定することは必要不可欠だが、人類がどのくらい自然に介入するべきなのかという問題を検討するとなると、この議論はさらに難しくなると意見した。

自然を傷つけることはできない

人類が自然に害を与えているというのは皮肉な考え方で、人類を自然の一部と捉えるのではなく、自然から除外されたものと見なしている。この考えは、自然は被害者で、人類が侵略者であるという見方を奨励するようで誤解を招きやすい。

これが完全に間違っているとは言い難いが、そもそも不可能なことである。もちろん、私たちはある特定の生物に害を与えるが、しかし、自然自体を害することはできない。どうこうできるものではないのだ。それがどういう意味か説明しよう。

自然現象により、急速に冷たく凍り付いていく地球。そんな状況に私たちがいると仮定しよう。早急に対策を取らない限り2050年には世界の大部分が凍り付き、農業も不可能な状態になってしまう。熱帯地方でなら普通の生活が可能だが、食糧不足や人々の集団移動により壊滅的な打撃を受けるだろう。

そのような状況下で何をすべきかは明白だ。石炭を掘る、化石燃料を燃やす、熱帯雨林を切り落とす、できるだけメタンガスを発生させるためにウシを飼育する、燃費の悪い車を利用する。この場合、人為的な地球温暖化は道徳的要請であり、災害ではなくなる。

このシナリオが示すことは、今日の私たちの生き方は不道徳なものではないということだ。不道徳なものとなるのは、偶発的な要因によって、将来の生活が非常に厳しくなる場合に限る。世界が凍り付くシナリオを見ると、大量の二酸化炭素排出は比較的まし、あるいは、まったく悪くないことになる。


さて、私がこれまで述べたことはすべて、架空のもので真実ではない。概略的には深い「緑の党」の立場と言える。

説得力も根拠もないが、現在多くの人々が、自分たちは間違っていると判断していることだろう。なぜかわからないが、熱帯雨林の破壊などはそれ自体が間違っていることだと主張せざるを得ない。しかしなぜだろうか？　その答えは、私たちに、地球そのもの、自然の生息環境やその他を破壊する権利などないという原理である。

この原理は、選択し難いジレンマを導き出す。生息環境やその他を失うこと自体が間違っていると仮定した場合、自然が本質的に間違っているというおかしな結論が残される。時間とともに生息環境は変化を遂げるものであり、生物は消滅を繰り返してきたからだ。たとえば、今まで生息していた生物の99・9％は今や全滅しているのである。

別の考えとしては、自然に発生したもの自体に誤りはないが、それを早めたり、自然の経路を変更したときは誤りとなるというものがある。その根拠は、人間が環境を変える方法は、その他の生物が行なう方法より自然的ではないというものだ。しかし、人類以外の生物も自然環境を激変させることができる。バッタがどのように数千平方マイルもの草地を食い尽くすことができるか考えてみるとわかるだろう。だから、この考えは違うと言われても仕方がない。

自然界は、すべてが均衡を保った状態で収まるように進化してきたのである。もしそれが真実なら、私たちは自らの振る舞いをどうすることもできないし、自然もまた私たちが行なうすべてに順応するだろう。自然の振る舞いが生物多様性を減少させ、種を一掃することがあるかもしれないが、それによって被害を受けるものがあるとすれば、それは自然ではなく私たちだろう。

人間と自然の間に擬似的に区別をつけたとして、なぜ自然に起こる変化は良くて、人為的に起こるとだめなのだろうか？

理念や要因はおそらく関係がない。変化が良いことなのか、悪いことなのか、そしてそれは地球にとって良いことなのか、悪いことなのかを意図したわけでもない。ただ地球は存在する。生物も人間も存在しない数十億年前にも、そしてひょっとしたら人類が絶滅してしまっているかもしれない数十億年経った後でも地球は存在するだろう。私たちが地球を傷つける力を持っているという考えは思い上がりであり、私たちはもっと謙虚にならなくてはいけない。

地球について比喩的な表現をすると、地球にとって私たちは、一時的に発生するかゆみのようなものでしかない。地球の寿命は理解を絶するほど長いのである。自然は私たちが何をしても気にしない。なぜなら、自然は感情や考えを持っていないからである。そしてまた、仮に考えや感情を持っていたとしても、私たちがすることを気にしないだろう。

人類のための自然を守る

人間が地球を傷つけることは間違っているという観点から環境問題について考えることは、根本的に誤っていることが判明した。

そこに住む人よりもその環境そのものを私たちは好むのだと認める、自然についてのロマン主義的傾向は、まったくもって不道徳である。自然が保護を必要とするという立場で、遺伝子組み換え作物、原子力、地球温暖化、オゾン層やその他の問題を考えるとき、次のような問いが重くのしかかる。

「人類はどのような影響を受けるのか?」

地球温暖化の問題は、地球が苦しんでいるのではなく、洪水や水不足、あるいは飢餓によって人類が苦しんでいるのである。それゆえ、人類より優先して地球に草木を植え、自然を保護したいと望むことは、間違った考えだろう。

このような解釈では、私たちが保護する必要があるのは「ただの」環境ではなく、「私たちの」環境なのだ。重要な点は、地球を人間の生活にとって快適にし続けることである。自然への敬意を表すのは、私たちにとって望ましい善い価値が自然にはあると思っているからだが、この思いが行き過ぎると、人間の進むべき本来の道を見失わせることになってしまう。

責任を持つとはどういうことか？

「私」というシステムの決定に伴うもの

私たちが、そのとき合理的に知り得たことに基づく意図的な行為について責任を持つことが、正義の明瞭な原則であるようだ。おもちゃの銃だと思って発砲してしまったとしても、あなたは殺人罪には問われないだろう。

しかし、銃がおもちゃか本物か確認する当然の努力を怠っていたら、認識不足に対して責任が生じる。

さて、この単純な原則は、複雑な実際の生活に矛盾なく当てはまるだろうか。

２００４年11月29日、月曜日。それはパトリック・オドワイヤー（Patrick O'Dwyer）と家族全員の人生において最悪の日となった。両親が不在だった前夜、17歳の妹マルグリット（Marguerite）はパーティーを開いた。酔ったパトリックはひどく嘔吐し、転倒し、友人たちに抱えられてベッドに行く始末だった。次の日、それを恥じながらも彼は、いつものように肉屋の見習いの仕事に向かった。

その夜、マルグリットとしばらくテレビを見た後、パトリックは立ち上がって台所へ行き、金槌を手に戻った。彼が妹の頭に加えた6回の打撃は、病理学者によると「致命的で回復不可能」なものだった。次に彼は台所からハサミとナイフを取って来て、マルグリットの首、胴体と両足を計90回刺した。

パトリックの家族は彼を弁護するため裁判に出廷し、母親は「その夜の出来事について、パトリックは自身のコントロールが利かなかったのだ」と言って、彼を刑務所に送らないよう裁判官に嘆願した。しかし、彼は限定責任能力（刑法上の責任能力が低いながらもあること）を理由に、故殺の罪で懲役6年の有罪判決を言い渡された。

パトリック・オドワイヤーはその日の仕事の間中、自分が別世界に飛んでいくように感じたと話している。金槌を手にしたときは、彼自身の脳を殴りつけようとしたのだと述べている。

実際は、「ビデオを観ているかのように」感じながら、微笑みかける妹に歩み寄り、彼女に致命的な打撃を与えたのだった。散策の後、自分の寝室に戻ると、外科用メスで腕から血液を採り、「肉屋の少年」と壁に書きつけてから、金槌で自分の頭を4回殴り、次の日の正午近くまで眠った。目覚めて自分が何をしたか理解すると、警察に自首する前に、浴槽で溺死しようと試みた。

弁護側の精神科医は、パトリックは、世界を虚構だと感じたり、行動が自分自身のものではなく、外側から観察している感覚になる「離人症性障害（depersonalization disorder）」を患っていたのではないかと推論した。それはしばしば心的外傷、トラウマ的な経験によって引き起こされるものだ。

多くの人々の発達段階にその感覚が見られるが、それが持続的に繰り返し見られるなら、精神科医は精神疾患として診断する。その診断結果によって、パトリックには完全にではなく、部分的にしか行動の責任がないと裁判官が判決を下した。

「限定責任能力はその言葉どおりの意味だ。責任を消滅させないが、小さくする」とポール・カーニー（Paul Carney）判事は言った。彼はパトリックが心神喪失で自制心を失っていたという理由で、罪や責任能力がないと言う母親の主張を一部認めたのである。

別の理由からも、パトリックの事例には憂慮されるべき点がある。彼が完全には責任を負わないとされる理由を追及し続けたら、下り坂を滑り落ちるように、究極的には誰もが責任を負わないことになるだろう。それが真実なら、倫理や道徳とは巨大な見せかけにしかならない。

無知や精神障害は責任を減じる

「法の不知はこれを許さず(ignorantia juris non excusat)」という法原理がある。法への無知を理由にあらゆることに無罪を申し立てるならば、法律には強制力がなくなることを意味している。責任を問えるのは、意図と知識を伴う相手である。しかしこれは、ソクラテス(Socrates)がプラトン(Plato)著『メノン(Meno)』の中で言及したような問題を引き起こす。彼のあいまいな表現はこうだ。犯罪者は「自分が善と信じる行動を取りたいと願う。たとえ、それが実は非常に邪悪なことでも。邪悪を善だと誤って認識している場合、それは善意になる」。

何かを欲し、実行することを選択するのは、その行動を善だと判断したからである。不正であるとか、他者には悪と映るということを認知したならば、それを容認できると感じない限り実行に移さない。殺人においても、犠牲者が殺されるに値するか、あるいは、大きな善のために犠牲にされてもよいと判断されたかのどちらかだ。要するに、誰も故意に不正を行なわないということだ。

ソクラテスが明言したように、正しく選択したことがすべて良いことだとは限らない。それどころか、私たちは頻繁に間違いを犯す。間違いを犯した人々は正され、正しさについて学ばされる。犯罪者の扱い方は世界中で異なるが、処罰は無知の者ではなく、邪悪な者と堕落した者に与えられるものだ。

「法の不知はこれを許さず（ignorantia juris non excusat）」に対して、「道徳性の無知は許される（ignoratntia moralis excusat）」と言えるかもしれない。

このような考えは、比較的軽い悪事についてはあまりつじつまが合わないように思えるだろう。たとえば、窃盗は間違った行為ではあるが、魔が差しただけかもしれないということを、私たちはよく知っている。しかし凶悪犯罪の事例では、魔が差したという言葉では片付かないというのが、社会通念に限りなく近い。

パトリック・オドワイヤーの犯罪と類似した事例について人々は、「正気でそんなことをする人はいない」とか「彼は病気だ」などと言う。しかし、疾患や精神障害は本人のせいではない。

そうすると病気と無知の間に、すべての重大な犯罪が隠れてしまう。「犯罪者」は自分の行動の意味がわからなかったか、はたまた、パトリックの母親の主張のように、単に自制心を失くしていたかのどちらかになる。

本当に誰にも犯罪への責任がないのだろうか？

前述したように、故意に間違いを犯すことはないという考えは、すべての経験に当てはまるわけではない。

さらに心理学によると、精神は、矛盾と、対立する信念と、欲望の渦であり、意思決定は論理的な決定に基づいたものではないとされる。誰しも、感情的側面が合理的側面よりも強くなり、すべてを考慮した上での最善の行動ではなく、衝動に任せて行動するときがある。

私たちは何が正しいかを知らず、「時折」間違いを犯すが、だからといって不道徳な行動を「いつも」無知のせいにするのは、不適切ではないだろうか？

病気の場合はそれ以上に複雑だ。心神喪失を通じての限定責任能力の法的な判断は、複数の精神医学の報告書をもとに下される。言い換えると、精神疾患は専門家の意見によって法的に決められるということだ。他の選択肢が存在しないとはいえ、これは正義の見地からは重大な問題だ。よって、精神障害については常に議論がなされている。

身体の疾患と病気の定義は、通常は国際的に明確な基準があるものだが、精神疾患の目録と診断基準は時代と法域によって大幅に変わる。

多くの国は、アメリカ心理学会の『精神障害の診断と統計マニュアル（ＤＳＭ）』を参考にしている。大きな声では言えないが、これが物議を醸すのである。１９７３年まで同性愛を精神障害に分類していたという事実が、ＤＳＭが権威ある基本方針だという主張を弱体化させているのだ。基準が更新（現在ＤＳＭ第五版が進行中）されるたびに、疾患を診断する基準が変わり、疾患の数は増減する。

つまり、個人が責任を伴う選択能力を減退させる精神疾患を持っているとみなすかどうかは、いつ、誰の意見を聞くかに少なからず左右される。簡単に定義することはできないのだ。

このことは精神障害を責任帰属の判断に使用することに警告を与えているが、決定的な反論をもたらすものではない。責任能力は法的な「限定」の程度問題だと認めることになるだけである。責任のある意思決定をする正常な能力があるはずだという基本理念は、このことによって弱体化することはないが、精神疾患によって基本理念が意味を成さなくなる可能性はある。

すべては脳のせい

精神疾患が私たちの責任を軽くするということの根拠には、いくらか不透明さがある。正常な意思決定、思考、内観などの認知機能が存在するが、精神疾患があるとこれらは正しく機能しない。正常な思考力がなければ、もはや完全に責任があるとはみなされない。神経科学の進歩によって、私たちは脳内の変化に即して機能不全を考えることに慣れてきた。ゆえに、「私の脳がそう行動させた」という短絡的な弁解に要約されるような限定責任能力を考えることができる。

しかし、MRI(機能的磁気共鳴画像法)のスキャンや、因果関係の予測の失敗、自己の感覚を失ったときの脳内の活動を正確に知ることを可能にするといった進歩の前に、限定責任能力という考え方が存在していたことを忘れてはならない。認知機能の障害は、人々の考え方を観察、試験することで簡単に診断できる。そこに神経系の基礎の確認は必要とされない。

認知機能の低下に関わる責任能力についての問題は、脳の機能障害の事例を検討することでよりはっきりしてくる。パトリックの離人症性障害の事例を見てみよう。

金槌で殴って相手に危害を加えることは、共感的理解の一種を促す前頭前皮質の機能不全のせいだと説明できるかもしれない。未だに解明されていないこととはいえ、コルチゾールの異常と視床下部・下垂体・副腎系の異常調節とが関連しているという独特な仮説が、より完全な説明の全体像を描き出そうとしている。これはまるで、行動の責任のすべてをパトリック自身ではなく、脳機能の活動不全に押し付けようとしているようにも聞こえる。

しかし、ちょっと待ってほしい。離人症性障害ではない人の意思決定はどうだろうか？これは前頭前皮質との関連で説明できる。正常な前頭前皮質は共感的理解を促し、通常レベルのコルチゾールと視床下部・下垂体・副腎系の安定が情動反応を可能にする。

ここで重要なことは、正常な脳も病的な脳も、意思決定は神経系の基盤に基づくと説明できることだ。どのような状況でも「脳が行動させた」と言える。脳以外に何が思考に力を与えるのだろうか？　健康かどうかにかかわらず、脳機能がある意味ですべての思考と意思決定を左右しているという意味でも（実際にそれは明らかだ）、私たちに「行動させた」のは常に脳となる。

精神異常による無罪は、決定論を肯定し、自由意思を否定することで、すべての人から責任を奪い去ってしまう。

自身の認知資源から決まったことへの責任

では、なぜ責任があると判断される事例とされない事例があるのだろうか？

この問いへの答えは非常に重要だ。すべての選択が純粋な脳の機能の産物だとしたら、健康な脳は病的な脳よりも自由な選択をする能力があるという考えは筋が通らないという反論が可能だろう。どのような場合でも、決定と行動を引き起こすのは、結局のところ脳なのだ。もしその行為が反社会的で危険だった場合でも、私たちはその行為について何らかの対処をしなければならない。しかし、人々に法的な責任を負わせるかどうかということになると、最終的には脳のせいなのだから、道徳的な責任はもはや問題にされなくなるのではないか。

この難儀な反論に対しては、不明確で複雑な回答しかできない。ある意味、すべての選択と思考が、究極的には身体や脳に現れる。だがしかし、それが物理的な原因と結果の果てしなく続く連鎖の産物にすぎないのだとしても、私たちには自由であるという感覚がある。それが「柔らかい決定論（決定論と自由意思は両立するという考え）」の概念である。

これがどれほど適切な議論か定かではないが、自由であるための選択をする最初の動機（きっかけ）は他者によるものではなく、自分のものでなければならない、という前提を否定するのが一般的な考えである。

しかし、脳内の活動、遺伝的に受け継いだもの、または環境の刺激などの要因によって決断させられているのかもしれないという事実は、自由意思にとって致命的ではない。他者に妨げられない自分自身の認知資源をもとに選択していることが大切なのだ。

このことから、神経学用語で「自由」を定義しようとするならば、機能不全、外的制約、あるいは強制力に妨げられずに選択し、行動する能力を持っていることと言うことができる。一見すると、この説明は不十分に思われる。精神疾患の有無にかかわらず、脳は行動を選択できるというのに、なぜ正常であり、健康で妨げられないということが条件に含まれるのだろうか？単に機能するということに要約できないのだろうか？

そうはいかないのだ。大切なのは、私たちが「自制」の能力を持っていることだ。思考が脳の働きによるのだから、この能力も最終的には神経学で説明されるだろう。そして自由は、それ自身で原因や動機の連鎖を作る謎めいた能力ではなく、自身を規制できる能力となるはずである。

例として、パトリックと他者の違いを比較してみよう。両者ともにひどく落ち込み、自分を恥じて、自分に害を加えようと金槌を手に持ち、代わりに妹を殴る刹那的衝動を感じてしまった。もし両者の脳を徹底的に調べたら、脳の異なった領域で火花を散らす神経を目にすることだろう。片方が自由で、もう一方がそうではなかったと判断する適切な材料はないが、両者には決定的な違いがある。

単に落ち込んだ人間の神経発火は、心に抱く考えの誤りを察知しても行動を押しとどめることができる程度でしかない（励まし、処罰、倫理学を学ぶことやそれに類似した経験は、自制機能に違いを生むだろう）。しかし、パトリックの場合はそうではなかった。彼は自制する力を失っていたのだ。

本章では、妥当な回答の概略を示したに過ぎず、完璧な答えを求めるならばさらにやるべきことは多々ある。しかしこれは、私たちの行動は常に脳に支配され、それゆえに誰も責任を取る必要がないという異論に打ち勝つ、唯一の一般的な答えだ。

自由意思は、私たちが脳、身体、遺伝や環境に妨げられず、自分のしたいことを何でもできる能力だという極端な意味で理解されてはならない。実際に、そのような自由意思がどんなものかと想像することは容易ではない。むしろ、自由意思はもっと限定的で、自分自身に対する態度を規制する能力と言えるだろう。

私たちは、自制できる能力をより強固にするために、自分自身を、そして他者を、責任感で抑えつけている。

私たちが考える自由であること、責任があるということの説明にはふさわしくないかもしれないが、そうした考えも決して悪いものではないだろう。

正しい戦争はあるか？

正戦論をめぐって

「良い戦争」と「悪い戦争」の違いを生み出しているものは何だろうか？　哲学には、この正戦論という問題に答えるおそらく唯一の神学的な枠組みがある。

普遍的ではないとしても広く共有されており、なんと、その正戦論の根本的な形は、13世紀にトマス・アクィナス（Thomas Aquinas）によって最初に述べられた内容とほとんど同じである。

2001年10月7日、アメリカ、イギリス、オーストラリアは、アフガニスタンにおける最初の軍事行動となる空爆を行なった。アフガニスタン連合戦線（別名：北方同盟）と行動を共にした「不朽の自由作戦」の目的は、タリバン（Taliban）政権を転覆させることだった。当時のイギリス首相、トニー・ブレア（Tony Blair）の言葉によると、タリバン政権は、アル・カイダ（al-Qaeda）というテロリスト集団を「かくまい、支えた」のだという。

「この作戦に参加している指導者たちの誰一人として、戦争をしたいとは思っていない。しかし、私たちは、ときとして、平和を守るために戦わなければならない。……正義のために戦うのだ。これが大義名分である」とブレアは言った。

大西洋の向こうでも、当時のアメリカの大統領、ジョージ・W・ブッシュ（George W. Bush）がアメリカ軍の兵士に「君たちの任務も目的も明確だ。正義を獲得することだ」と伝えた。

ほぼ18カ月後の2003年3月20日、開戦宣言をするために、ブレアは再びイギリス国民に伝えた。「火曜日の夜に、私はイラクにおける軍事作戦への参加をイギリス軍に命じた」と。

この宣言とアフガニスタンに関する発言との違いとして、今回の作戦への参加には、まだずっと議論の余地があった。事実、バラク・オバマ（Barack Obama）は、2009年にアメリカ大統領に就任したとき2つの作戦を引き継いだが、イラク戦争には反対だった。

民主主義者の間では、イラク戦争は「悪い戦争」、アフガニスタンの戦争は「正しい戦争」として知られるようになっている。どちらの戦争においても、軍事力の行使を擁護したり、批判したりするために引き合いに出される原則は、すべて「正戦論」（ＪＷＴ）と結びついている。

正戦論の原則

正戦論には実のところ、主要な原則の公式版といったものはない。ある説を加えるか省略するかによって、異なる解釈が生まれ、さまざまな方法で詳述される。それにもかかわらず共通している点が、あらゆる理論の基礎となる原則である。

原則は、以下の2種類に分かれる。「戦争のための法（jus ad bellum）」という戦争に行くことの（bellum）正しさ（jus）に関係するもの。そして、「戦争における法（jus in bello）」という、戦争における道徳的な行為を扱うものだ。

「戦争のための法（jus ad bellum）」の中心となる基準は、まず大義があることだ。つまりたとえば、差し迫った重大な危機から生命を守るために仲裁が必要とされるという意味である。その最も明確な例は「自己防衛」だ。

次の、2つ目の基準は、殺人行為（戦争）の終焉と平和の樹立を目指すものだという正しい意図がなければならないことだ。正しい意図が達成されるのであれば、そのための手段が生命に対する危害を加えるものである必要はない。

3つ目は、戦争が、正当で合法的な権力によって行なわれる必要があるということだ。4つ目は、成功の可能性が高くなければならないということである。さもなければ、回避不能で無駄な犠牲を生むだけだ。5つ目は、戦争は常に最終手段でなければならないということ。そして6つ目は、軍事力の行使は、釣り合いが取れていなければならないということだ。数人の兵士で解決できたはずの状況に巨大な兵力が投入されることになれば、その戦争は正戦ではなくなる。

戦争がいったん始まったら、次は「戦争における法（jus in bello）」の原則に従わなければならない。主要な原則は2つの項目に分類することができる。1つ目は、すべての戦闘において、戦闘員と非戦闘員とを適切に区別し尊重すること。戦争捕虜の人道的な取り扱いも、この原則に含められる。2つ目は、戦争におけるすべての行為は均衡のとれたものでなければならないと

戦争のための法（Jus ad Bellum）	戦争における法（Jus in Bello）
・大義があること ・正しい意図のためであること ・正当な権力を用いること ・成功の可能性、見込みがあること ・最後の手段であること ・軍事力の行使に釣り合いが取れていること	・非戦闘員を尊重し、捕虜の権利を認めること ・必要最小限の武力行使であること

いうもので、これは、必要最小限の武力の行使を意味する。また、「本質的な悪」である「自然犯（malum in se）」――レイプ、非人道的な武器の使用、拷問などの行為――を回避することも含まれる。

正戦論の原則の要点は、上の表のようにまとめることができる。これらの原則は合理的で理解しやすい。戦争の正義を判断できるある種のチェックリストであるかのようだ。

しかし実のところ、このリストがたいへん理にかなっているように見える本当の理由は、基準が具体的ではなく、この原則が満たされたかどうかの明確な検証ができないないからだ。

これから検討していくアフガニスタンとイラクでの戦争が、このことをとてもわかりやすく例証してくれる。

アフガニスタンにおける正戦とは？

それではまず、「正戦論」という言葉が、正しい戦争とされるアフガニスタン戦争においてどのように使われたかについて考えてみよう。

2001年10月7日、トニー・ブレアは声明の最後の言葉として、正戦論の最初の条件は満たされたと宣言した。つまり「この戦争は大義のためである」と確認できたということだ。その根拠は次の通りだ。


アル・カイダのネットワークは、イギリスを含むヨーロッパに脅威を与えるもので、世界中のいかなる国もアル・カイダの狂信的な考えを共有することはない。だから、私たちは、イギリス国民の生命を守るため、自己防衛行為に絶対的な関心を持っている。


同じ日に、2つ目の「正しい意図のため」に関して、ジョージ・W・ブッシュがアメリカ国民に向けて、「攻撃目標を慎重に設定したこの作戦は、テロリストの作戦基地としてアフガニスタンを利用することを止めさせ、タリバン政権の軍事力を削ぐために計画された」と述べた。

ブッシュはまた、国際的な支持の拡大に言及して、権威の正当性を主張しこう続けた。「私たちは、世界の共通の意思に支持されている」さらに、「平和と自由は勝利を収めるだろう」と。

彼はこの任務の成功に疑いを示さなかった。

ブッシュもブレアも、他に選択肢はなく、この戦争は最後の手段だと信じていることを表明した。「タリバンがテロリストを引き渡すか、あるいは、引き渡さない場合にもたらされる重大な結果に直面するか、最後通牒をしてから2週間以上が経過した」とブレアは述べた。「タリバンがテロリストを引き渡さないことは、疑う余地がないほどはっきりしている」。

また、避けがたい危険性があることから、この大規模な戦争が、対処しようとしている危険性と釣り合うものだとも主張した。

行動することに危険性がある一方で、行動しないことの危険性のほうが、はるかに、はるかに大きいのである。その危険性は、途方もないさらなる暴力の脅威、経済に対する脅威、世界の安定に対する脅威であると世界は理解している。

両指導者は、来たるべき戦争における彼らの行為は、「戦争における法」に適合していることも確信していた。非戦闘員をただ守るだけでなく、積極的に援助する意思があることを強調し、熱心に論じた。

「軍事目標を攻撃するとき、同時に、食糧品、医薬品、生活用品を、飢えて苦しんでいるアフガニスタンの男性、女性、子供たちに空輸する」とブッシュは言った。そして2人は、戦闘員と非戦闘員の間に釣り合いが取れるよう軍全体へ命令を下し、慎重にすべての攻撃の目標を設定したことを強調した。

このことから、この戦争に反対している人たちも、指導者たちが正戦論の原則を無視しているとは主張できなかった。指導者たちは正戦論のすべてを検討していたのだ。それはおそらく、この軍事行動が、正義という根拠に基づいていることを示したかったからだろう。

タリバンがアル・カイダを保護していることは、イギリス国民やアメリカ国民にとっての脅威を間違いなく引き起こしており、その脅威はすでに、9・11のテロで人命を奪った。

対テロ作戦が非常に多くの支持を集めたのも、その根底には正義という意図があったはずだ。クウェートの解放という正しい意図らしきものが石油獲得のための口実ではないかと疑われた第一次湾岸戦争とは異なり、多くの人たちも、今回の戦争の意図が宣言されたその通りであると受け入れたのだった。

しかし、いまだにこの戦争の正当性については議論の余地がある。指導者たちの全員ではないかもしれないが、確かに多くの指導者が軍事作戦の正義に関する議論を積極的に行なった。しかし、この戦争は本当に釣り合いの取れた最後の手段だったのだろうか？　後から実際に何が起こったのかを振り返ってみても、答えははっきりしない。およそ400人のイギリス人と1500人のアメリカ人の兵士が死に、1万5000人の市民が犠牲となった（これが最終的な数字というわけではないが）。

戦争にかかった経済的な損失を測ることは難しいが、オバマはアメリカの出費総額を約1兆ドルと見積もった。西側諸国の軍隊が撤退する準備をしていたとき、維持可能な平和がもたらされたのか、あるいは、タリバンを一時的に落胆させる以上の効果があったのかがまったくはっきりしなかったため、戦争への出費額を公開することで、その目的が達成されたのだと示したかったのだ。

「最後の手段」という点では、ブレア自身は、軍事作戦の初めごろ、「現在、私たちが知る限り、イギリスに対する具体的かつ確かな脅威は存在しない」と認め、それ以上の手段は残されていないことを示した。

正戦論の原則に完全に合致しているかどうかが明確ではないという事実は、戦争が正しいものであるための原則が、実質的には機能していなかったことを意味する。

しかし一方で、危険度が非常に高い脅威に対しては、たとえ成功するだろうと断言できずとも、武力行為を試みないわけにはいかない。たとえば1939年、連合国は第三帝国（ナチス政権）に勝利するという確信は持てなかったはずだが、ほとんどの人はやってみる価値があるという点で意見が一致していた。つまり、あまりにも甚だしい邪悪に対して、降参するという選択肢など、まったくあり得なかったのである。

結局、多くの人々が戦争は正当化されたと本当に思った場合でさえ、正戦論は戦争の正義に対して明確な答えを出してくれるわけではないことが明らかとなった。確かなことは、議論の余地がある軍事活動に権限を与えることはできないということだけだ。

イラクにおける正戦とは？

悪い戦争とされるイラク戦争では、参戦国の有権者からの膨大な反対意見が巻き起こったが、ジョージ・W・ブッシュもトニー・ブレアも、「正戦論の原則をすべて網羅している」と、この戦争の合法性を正当化しようとした。

まず、2003年3月20日、ブッシュはアメリカ国民に向けて語りかけ、軍事作戦の開始とこの戦争には大義があることを宣言した。その理由として「イラクを非武装化するために。イラク国民を解放し、重大な危機から世界を守るために」とした。彼はまた、この理由はその軍事作戦が唯一のものであり、正しい目的達成のためのものであるということを強調しようと苦心していた。

「イラクの脅威を取り除き、イラク国民が自国の統制力を取り戻すこと以外、私たちは何の野心も持ってはいない」と述べたブッシュと同様に、ブレアは次のように主張した。「私は、国家体制を変化させるために軍事作戦を正当化することなど、決してしない」。

ブレアはまた「私たちは、国連決議1441で述べられている文言からはみ出すことのない範囲で行動しなければならない」と主張した。軍事作戦に合法的な権限を与えているもの――ブレアが言うところの「私たちの合法的な根拠」――は、まさにその国連決議1441だったのだ。

アフガニスタン戦争に対しブッシュは、「私たちは他国民に自由をもたらし、そして勝利を収めるだろう」と述べて、この軍事作戦は成功する可能性が高いという自信を表明した。

イギリスとアメリカの両指導者は、世界情勢はこの軍事作戦が最後の手段だという段階には達していないと、多くの人たちが考えていることを知っていた。

しかし、ブレアはその2日前に、「私たちの欠点は、性急であることではなかった。実際のところ、私たちの忍耐力はすでに何週間、何カ月、そして、何年も前に、擦り減ってしまっていたのだ」と議会に対して発言し、そのような見方に反論した。

ブレアが、イギリス軍が作戦を開始したと宣言したとき、なぜ圧倒的な軍事力の行使が、それでもなお、重大な危機に釣り合っているかという根拠を次のように説明した。

もし、テロリストが、現在世界中で製造され、取引されている武器を手に入れたとしたら、私たちの経済、安全、世界の平和に彼らが及ぼし得る大量殺戮的な悪影響は、私たちがいかに想像力を働かせようとさらにその上をいくものとなるだろう。首相としての私の判断はこうだ。この脅威はかつてイギリスが直面してきた安全に対するいかなる脅威と比べてみてもまったく性質の異なるものであり、現実的で、増殖し続ける脅威なのだ。

アフガニスタンにおける18カ月前の場合とまったく同じように、両指導者は、戦争時の自国の軍隊の行動もまた正しいと、ことあるごとに宣言している。

「人間の盾として使おうと企てられた一般市民の居住区域を危険な目に遭わせないように、多国籍軍は最大限の努力をする。これをアメリカ人、そして世界中の人々に知ってもらいたいのだ」とブッシュは発言した。おそらく、作戦は断固たるものであり、釣り合いは取れているということを伝えたかったのだろう。「今が戦うときだ。そして、戦闘期間を限定的にするために必要な唯一の方法は、断固とした軍事力を行使することだ」と彼は語った。

ブッシュもブレアも、自分たちの満足がいくように、正戦論の原則に適合しているという証拠を示そうとしたわけだが、しかし実際には、これが正戦論の原則を本当に満たしていることを意味しているわけではない。この場合は、参戦目的の正当性と最後の手段という部分に重大な疑惑があった。

これまで述べてきたように、正しい戦争を行なう目的として「イラクを非武装化し、イラク国民を解放し、重大な危機から世界を守る」必要性があるとブッシュは主張していたが、後に判明したことによると、多くの人たちが保持していると思い込んでいた大量破壊兵器は存在しないものであり、武装解除は必要なかった。

この事実は、イラク戦争が誤った主張のもとに不可避的に始まったということではない。2003年3月20日、「国連武器査察官が、『炭疽菌、VX神経ガス、そしてマスタードガスのような科学兵器、細菌兵器を使ったきわめて大量の有害物質が、イラクにおいて所在が確認されないままになっている』と発言している」とブレアが言ったとき、悪意を持ってあえて所在確認をしなかったと考える根拠はない。もちろん、「所在確認されていない（＝未確認である）」ということは、「存在している」という意味ではないが、ブレアは、そのような危険を冒すわけにはいかないと主張したのだ。

正戦論の限界

もう一度言うが、正戦論によって提起された質問に対して明白な「イエス」が必要かどうか、証拠の釣り合いが十分であるかどうか、ということは重要な問題である。「イラクの非武装化の必要性の問題」より重要だと位置づけられた「大量破壊兵器保有の疑い」は、「重大な危機から世界を守ること」のためにイラク侵攻に結びついたが、その後、結局、イラクの危険度はそれほど深刻ではなかったということが示されている。そして、これらの事実がすべて、「イラクの軍事作戦が最後の手段である」ということを、説得力のないものにしている。

イラク戦争の事例については、「その国民を解放、自由にすること」という目的が大義としてどの程度のものなのか、ということを議論しておかなければならない。

私たちがいかなる戦争の目的を考えようと、それは内政干渉を正当化するものにはならない。

「国連決議1441」は、内政干渉のための軍事行動を認可していない。標準的な正戦論においてそれが認可されるのは、その国の市民に対し差し迫った深刻な危険がある場合に限られる。

しかしこれまでにも、外部の強国による軍事的内政干渉はいくつかあった。特に、以前のユーゴスラビア内戦とシエラレオネ内戦は、正義のための戦争として支持されてきたが、合法的な権限を与える国際法に支持された軍事行動という点からすると、正戦論の原則に適合していないかのようにも思われる。

結局のところ、戦争は、それほど道徳的ではないということだろうか？　あるいは、正戦論は、すべての正しい戦争行為とされる事例を説明できないということだろうか？

軍事行動の釣り合いが取れていたかどうかに対する強い疑問もある。NGO活動イラク・ボディ・カウントは、戦闘の結果、非戦闘員や一般市民の死亡者数が10万人にもなると見積もった。この数字は他の信頼できる見積もりとも近い。

この戦闘中に4万4000人以上のアメリカ兵が、連合軍の300人と共に亡くなった。連合軍の300人の中には、200人程のイギリス人が含まれている。この犠牲者の数は、得られたものに支払う代償と釣り合いが取れていただろうか？

もちろん、大部分の人々が、釣り合いが取れていたとは考えていない。しかし、これに対し事実に基づく答えはないということを明確にするべきである。

最も影響を受けた人々、つまり、イラクの人々自身、後になって考えてみても、サダム・フセイン（Saddam Hussein）を権力の座から引きずり降ろさなければどうなっていたかを知るために、テープを巻き戻すように過去を振り返ることはしないだろう。そうしたとき、その代償は比較されることなく、ただあまりにも大きすぎると思うだけだろう。

アフガニスタンの事例と同様に、実際に、何が起こったのかについてどのように考えようと、結果の不確実性ゆえに戦争は正当化されない。任務が成功する自信があったとしても、その自信は見当違いかもしれない。いつだって戦争の結果は抜け出せない泥沼であり、むごたらしい内戦か、極悪な体制から別の極悪な体制へと取って代わるだけなのである。

意図的であろうとなかろうと、ブッシュもブレアも、イラクとアフガニスタンにおける両作戦が、正戦論に忠実であるようだという見方からこれらの軍事行動を正当化した。しかし、少なくとも、2つの戦争のうち1つに関してはまったく正当化されるものではなかった。

正戦論は、戦争の基本原則に過ぎない。そして、ある戦争が正しいかどうかを評価するための明確な基準を正戦論は備えていない。そのとき、その現場で、常に、行動の基準と事実の両方を解釈する必要がある。

しかもその上、金科玉条、古い掟のように正戦論を扱うことはできない。正しいことが正戦論と相反したり、適合していない部分があったとき、正しいことよりも正戦論という理論を優先しなければならないということではない。

拷問は絶対にだめ?

必要悪であることを否定できない

拷問肯定論は、間違いなく功利主義の立場からの解釈だ。拷問は、1人の有罪者を犠牲にして、より多くの罪のない人々の命を救うものだからだ。

公共の福祉における損得の釣り合いでいうなら、行為の正しさは幸福や最高の善によって支持され、大幅な黒字を示すだろう。

このような正当化は本当にうまくいくのだろうか?

２００1年9月11日、アメリカ人は自分自身が見ているものを信じられず、ただテレビに釘付けになった。一晩かけてアメリカ連邦捜査局（ＦＢＩ）は、数万人を殺害する可能性があった、国家に対する前例のないテロ攻撃を開始しようとした19人を逮捕した。

ボストンのローガン国際空港で警察に拘束されたモハメド・アタ(Mohamed Atta)、ワリード・アル・シェリ（Waleed al-Shehri）、ワイール・アル・シェリ（Wail al-Shehri）などだ。

彼らの計画は、航空機をハイジャックし、航空機をミサイルとして使用してニューヨークの世界貿易センター・ツインタワーに衝突させることだった。ニュージャージー州のニューアーク国際空港、ワシントンD.C.のダレス国際空港で航空機をハイジャックして、ホワイトハウスとペンタゴンに衝突させることを計画した犯人らもそれぞれ逮捕された。

同じ頃、フロリダ州サラソタ郡のE・ブッカー小学校で記者会見を開いたのはジョージ・W・ブッシュ(George W. Bush）大統領である。大統領は、計画を未然に防いだ国家保安機関に賛辞を贈った。

この歴史的快挙のおかげで、キーフ・ブルエット・アンド・ウッズ（Keefe, Bruyette & Woods）の上級副社長である49歳のマリア・ローズ・アバド(Maria Rose Abad)は9・11テロの２９７７人の犠牲者リストの最初の名前となることなく、29歳のイゴール・ズーケルマン（Igor

Zukelman）は最後の名前となることなく済んだ。多くの人たちが、自分がどれだけ死に近い危険な状況にいたかという恐怖を感じながらテレビを見ていたのと、彼らは同じ状況にあったのである。

これは単なる人命救助の話ではないし、痛みの軽減についての話でもない。この快挙のわずか24時間前にＦＢＩが知っていたことは、アメリカのどこかで大規模なテロ攻撃が計画されており、逮捕された男、ハリド・シェイク・モハメド（Khalid Sheikh Mohammed）がその計画のすべてを知っているということだけだった。しかし、それを阻止するすべは何もなかった。

そのため、アバドとズーケルマンとその家族を含む多くの人々は、尋問担当者が、戦争に関する国際条約であるジュネーブ条約や拷問およびその他の残虐な非人道的または品位を傷つける扱い、刑罰を禁止した国際連合条約を無視したことを喜んだはずだ。大量殺人者になるはずの1人が、数時間耐え難いほどの痛みを受けるかわりに、罪のない何千人もの人命が救われ、数万人の友人や親族は想像を絶する衝撃と悲しみを受けずに済んだからだ。

これは、道徳哲学の中でも悪名高い思考実験の1つによる説明である。「時限爆弾」と呼ばれるこのシナリオでは、命を守る情報を早く聞き出す唯一の方法が拷問である。これは、拷問はいかなる状況下でも正しくないという考え、国際法に謳われている絶対主義——絶対的な存在や、絶対的な価値・基準の存在を認める哲学上の考え——に挑戦することを意図したものだ。「時限爆弾」を突きつけられたとき、禁止事項を犯さないでいることは困難である。ハリド・シェイク・モハメドを拷問することで、9・11テロによる犠牲者の命をすべて本当に救うことができるとしたら、拷問しないことはある意味、道徳的な病気にかかったようなものではないだろうか？

拷問は有効かもしれないが間違っている

拷問は、その有益な効果によって正当化され得るという主張への反論は、蓋然性（確実性の度合い）に基づいている。

しかし、拷問が他の行為よりもはるかに良い結果を生む可能性が圧倒的に高い場合、私たちはそれを行なうべきだ。拷問が多くの苦しみを生み出す原因となり得るとしても、多くの命を救うたった1つの希望であり、本当に多くの命を救うことができる行為であれば、拷問を正当化するための功利主義的な計略を巡らすことができるだろう。

断っておくが、これは論理的な判断が拷問容認論を後押しするということだ。これに対して、不安や感情だけに訴えるのでは反論にならない。結論がお気に召さないのならば、どこが間違っているかを考えないといけない。

功利主義の論理を聞き、その結論に混乱した人々の一般的な反応は、拷問はやはりうまくいかないものであり、それがうまくいっている仮説の話は論点がずれている、というものだ。

この議論にとって、「現実」は非常に重要である。なぜなら、功利主義の議論は可能性をもとに進めるため、もし拷問が正確な情報を引き出す可能性が低いとなると、道徳的な根拠は弱くなる。一方で、もし拷問が正確な情報を得る効果的な方法ならば、拷問を支持する功利主義的主張はますます強くなる。

実際のところ、拷問は本当にうまくいくだろうか？

私たちは、公平で客観的にものごとを観察するのが困難な生き物だ。心理学者が「確証バイアス（confirmation bias）」と呼ぶように、「先入観」すなわち、自分の意見に合う証拠が尊重され、反対の証拠は軽視されたり無視されたりする傾向に邪魔されてしまう。

元イギリス保安局長官（ＭＩ５）のイライザ・マニンガム＝ブラー（Eliza Manningham-Buller）は道徳的な観点から拷問に反対し、その有効性を語ろうとはしない。しかし彼女は「拷問が常に虚偽の情報を生むというわけではない。実際のところ、拷問が人命を救うために有益であることは明らかだが、その点が重要とは思わない」と述べている。

しかし一方で、元アメリカ連邦捜査局（ＦＢＩ）の捜査官アリ・スファン（Ali Soufan）は「強化された尋問（enhanced interrogation）」（アメリカ政府は拷問とは認めていないが、多くの批評家がそう指摘する）に対して、「効果がなく、国家安全保障に有害である」と繰り返し述べている。

マニンガム＝ブラーが述べたように、拷問の有効性が重要でないのならば、何が重要なのだろうか？　多くの人々は、拷問が望ましい結果をもたらすかもしれないとしつつも、間違っていることも、正当化されないこともあると考えている。

どうしても帰結に左右されるこのような論争は、単に緊急の人命救出のような短期的なものというより、もっと広く長期的な範囲でその効果について考えなければならない。彼女は次のようにも語っている。

水責め、他の形の虐待をとおして短期的な利益を得ることとは、完全なる間違いだ。そうしていたらアメリカは、道徳的権威と、９・11テロの結果として受けた広範囲にわたる同情とを失っていただろう。拷問によって世界がより安全な場所になるかどうかという問いの答えを私は知っている。拷問によって世界がより安全な場所になることはないというのが結論だ。

テロ集団に対する共感を生み出し、彼らに道徳的に優位な立場を与えることは、拷問を行なった国家の力を弱体化させる、など同様の反論も存在する。

これは『崇高な目的は野蛮な手段を正当化するか?』で見てきた帰結主義の議論の一例だろうか? 拷問に対して、多くの人々はただただ不安を感じているのだ。結果を踏まえた判断として、現実社会で拷問が承認されることはないだろうと結論付けたとしても、完全に除外されたと考えるのは難しいだろう。

拷問の道徳性は、単に「有効か無効か」という問題を煮詰めることで答えが見つかるわけではないのだ。

拷問の定義はおかしい?

一連の思考は、国際法の拷問の定義「残酷で非人道的、または品位を傷つける取り扱い」が有効ではないことを示唆している。多かれ少なかれ、これらの言葉には、具体的な意味付けがなされていない点で違和感を感じる。

「残酷」であるということは、たとえば、不必要にまたは故意に、痛みや苦痛を与えることが目的であることを意味するものであり、自白の強要という目的を達成するために必要というわけではないはずだ。そうすると、残酷な行動は無条件に間違っていることになる。

より意義深い目的のために意図的に痛みを引き起こすことなら、受け入れることができる。たとえば、壊疽の広がりを防ぐただ1つの方法として、麻酔なしで手足を切断するといった例だ。この行動が残酷とされることはない。

次に、「品位を傷つける」行動について考えてみよう。これは、あるべき状態を実現するために他の何かを奪うことを意味する。

身体を動かせなくて介護を必要とするときに、患者が屈辱や品位の低下を感じることがあるという。しかし、この患者に屈辱を与えたり品位を傷つけたとされる医療労働者が非難されることはない。こういった場合に「残酷」だとか「品位を傷つける」といった用語を使うのはやり過ぎである。

最後に、「非人道的」について触れよう。

「非人道的」とは、正当性のない扱いを意味するもので、カント（Kant）の教訓を呼び起こす言葉だ。

「汝の人格ならびに他者の人格すべてにおける人間性を常に同時の目的として使用し、けっして手段としないようにせよ」よカントは言ったが、これは彼が、結果に依存しない正しさを主張する義務論の代表的な道徳哲学者だからだ。

つまり「非人道的、または品位を傷つける扱い」とは、より多くの福祉や幸福をもたらすかということではなく、その本質自体が間違っているかどうかという思想なのだ。

しかし、これは道徳的というより、言語学上の問題かもしれない。不正な行為を表す言葉を使う場合、当然のことながら、何が不正な行為にあたるのか、間違っているのかを表す必要がある。つまり、道徳的判断は、簡単な事実から生じるのではなく、説明自体が道徳的な判断を下しているということだ。

拷問の定義をあえて間違えたままにして、「強化された尋問」が拷問とみなされるかどうか問い続けることにしよう。定義されていることから巧みに逃れようとはせず、最後までしっかり議論するのだ。

拷問の擁護者は、9・11以前の架空のハリド・シェイク・モハメドの拷問を例に加害者側の意図について話し、拷問が残酷で品位を傷つけることだという考えを否定するだろう。

ここで、情報を聞き出すことが目的だったとしよう。必要だとされる程度の痛みが使用されたとすればその扱いは残酷ではなかったし、品格を傷つけることが目的ではないので、品格を傷つけていないという反論もできる。拷問が非人道的であるという主張については、それは単なる誇張であり何がどう非人道的なのかについて指摘してもらうのがよいだろう。そして、有罪の人を苦しめることに対する良心の呵責から、罪のない人たちが殺されるのを何もしないでただ傍観することは「非人道的」ではないかと反論するのだ。

このことは、拷問が本質的に間違っているという考えに対するより一般的な異議を表している。心配な点は、不正に関わらないことに気を使いすぎて、正義が勝つことの確実性を放棄してしまうことだ。

バーナード・ウィリアムズ（Bernard Williams）は、より高い善を達成するために必要とされる不快なものごとを行なうことを拒否する「道徳的わがまま」のようなものが存在すると言う。

おそらく同じ点について考えることになるのだが、道徳的な悲劇と呼ばれるものを紹介しよう。間違った何かをするのが避けられない状況で、私たちにできる最善のことはできるだけ悪いことをしないことだ。拷問は品位を傷つける。それはその人の意思をくじく必要があるためである。しかし、どれほど酷く侮辱するにせよ、人をバラバラに吹き飛ばすよりはずっとましだろう。道徳的な悲劇とは、いくつかの行動はそれ自体が間違っているという義務論の主張を受け入れながら、どうしてもより少ない悪を行なう必要があるという状況である。

拷問の場合、罪のない命を守るために介入することに失敗することと、誰かを非人間的な方法で扱うこととが天秤にかけられている。その両方とも間違っているが、どちらか1つを選択し、実行する必要がある。このような選択に直面したとき、誰かが死ぬようなことをするよりも、1人の品位を傷つける方がましなのではないだろうか。

絶対にだめとは言えない

ここまでの議論は一方的だと思われたかもしれない。しかし、拷問に反対する意見は、擁護側の意見よりも未熟なものだ。

大部分の良識のある人々が拷問に反対していることを考えれば、道徳的な意見を一致させるのは難しいことかもしれない。どのような立場からにせよ、実世界で拷問に強固に反対するためには、非常に冷酷にならなければならない。

倫理について現実的に考えるとき、それを理論的に考える見当違いなやり方では役に立たないだろう。このような間違いには大抵、「いつもそうである」と「決してそうではない」ということへの見当違いな願望が関わっている。私たちには道徳規範が必要であり、さらにいえば例外を含まない規範は本当の規範ではない、と考えているかのようである。

実は、私たちに、道徳規範が必要だという確信はない。正しいことを行なうために必要なのは、与えられた状況に道徳に関わる要因があるかないかを見極め、比較検討するだけの知性と知恵を持つことである。そして、すべての状況が同じということはないので、考えられるすべての事例を含む規範を把握することは難しい。

それでも道徳規範があると信じる根拠は、道徳的な「型」と呼べるようなものが間違いなく存在するからだ。類似する状況下で同じような道徳的な判断を下すことは偶然ではない。

殺人、不倫、窃盗などは、ほぼ常に誤った行為である。「殺人は間違っている」という規則があるのではないし、その行動が道徳的な規則を破っているので間違っているという意味でもない。道徳的な規則は、裁判所の法律というよりも自然の法則のようなものである。それは自然界に見られる規則性を説明するものであり、私たちが従うべき秩序を規定しているわけではない。

したがって、例外のない道徳規範の探求は見当違いであり、通常の規則が適用されない架空の状況を過度に心配する必要はない。私たちは、拷問が許されるかもしれない事例を想像することが可能であるため、拷問という不正行為を何らかの形で弱体化できないかと気に病む。大抵の場合、思考実験は一般に認められた原則の反例を見つけるために作られている――反例を拒否するか、原則を絞り込むか、はたまた改良するか、いずれにせよ重要な思考ではある。しかし、道徳哲学における思考実験は、問題を悪化させる可能性もある。

思考実験で最も誤解を招くことは、それが現実にある複雑で個別の状況の背景にある厚い層を剥ぎ取ったものであるという点かもしれない。実世界を抽象化した結果得られた結論を、複雑な実世界に適用させるにはもっと慎重であるべきなのだ。

拷問が絶対的に間違っているかという問いは、とても厄介で危険である。拷問が正当化された事例を1つもあげることができないならば、拷問を禁止する法律や規則が整備されるのももっともだ。一度法律が制定されれば、うまく機能するように改善されていくものだ。疑問点とそれに伴うすべての例外に対処するためにじっくりと考察が行なわれるだろう。

しかし、このような行程を辿った結果、拷問は正しいことであると判断される日が来るかもしれない。しかも今のところは、拷問に反対する断固とした態度を取る根拠がない可能性が高いことが認識されている。

科学と道徳の関係とは？

事実と価値、どちらが重要？

美徳は元素ではないから、もちろん元素周期表に登場することはない。正義には質量も速度もない。邪悪さの増大というのも比喩的な表現にすぎない。道徳について知りたいなら、科学に答えを求めても無駄なのだ。

科学が誕生して以来、科学が、電子機器だけでなく、倫理を説明することになるだろうと信じている科学者が少なからずいる。近年このように考える人の数はさらに増えているようだ。神経科学者のサム・ハリス（Sam Harris）を例に取りあげてみよう。彼の著作の題名には、『科学はいかに人間の価値観を決定するか』という副題が付けられている。「理解するのに参考になる」でも「関連する」でもなく「決定する」だ。

彼は「道徳は、科学の未開発の分野と考えるべきだ」と述べている。「『善』や『悪』などの言葉で、合理的に表現されていることについて語り尽くす」ことを考え、意図が脳内でいかに発生するか、どうやって他者に影響する行動が行なわれるか、その仕組みをハリスは考案したのだ。

科学がどのように道徳に貢献できるか？　この問いに期待しているのはハリスだけではない。進化倫理学と言われる研究分野がある。マイケル・ルース（Michael Ruse）によると、「道徳は数学みたいに空気のようなものではない。非常に人間的なもので、ダーウィンの進化論にかかわるものだ」ということらしい。そして具体的には、道徳とは、社会的な動物になるための適応だと言う。

道徳が幻想であることを科学が証明したと言う者さえいる。科学哲学者のアレックス・ローゼンバーグ（Alex Rosenberg）は、科学主義は正しい世界観であり、『『道徳的に認める』というのは無意味で支持できない」という虚無主義的（ニヒリズム）な結論は避けられないと主張している。

しかし、逆の見方を強硬に支持する者もいる。生物学者のスティーヴン・ジェイ・グールド（Stephen Jay Gould）は次のように言う。

科学は倫理や道徳について何も言うことができない。多くの人間社会に見られる殺人、嬰児殺し、大量虐殺、外国人嫌悪などは、特定の社会的状況の中で発生した可能性があり、さらには、道徳的にそのような行動は支持されないが、特定の環境に対して適応に有利に働く可能性があることを人類学者は発見した。

グールドや他の多くの人々にとっては、科学と宗教がまったく異なるものであるのと同じ理由で、科学と道徳は区別されている。科学と宗教は2つの異なる思想的な「権威」に対する支配力を持っているのだ。「科学は経験的な領域を扱う。それはつまり『宇宙は何でできているか？』といった事実と、『なぜそのように機能するか？』などの理論である。宗教は、究極の意味と道徳的価値の問題を扱う。これら2つの権威は重ならないし、また、すべての問いは交わらない」とグールドは主張する。

同じように、物理学者のジョン・ポーキングホーン（John Polkinghorne）と数学者のニコラス・ビール（Nicholas Beale）は、「科学は、『どうやって？』あるいは『どのような手段や過程でものごとが起こるか？』という疑問を扱う。一方で神学は、『なぜ？』という疑問、起こっているものごとの背後にある意味と目的を扱う」と述べている。どちらの場合も、倫理で真であることは宗教でも真である。

科学は事実を扱い、倫理は価値観について扱うことから、科学は倫理について何も言うことができないと考える人がいる。しかし一方で、科学が道徳の全体を十分に説明できると主張する人がいる。どちらが本当に正しいのだろうか？

「である」から「であるべし」は導けない

科学と道徳の間にある違いを主張する人たちは、近代哲学の主要概念をまず訴える。「事実」と「価値」、「である」と「であるべし」の違いだ。これは、デイヴィッド・ヒューム（David

Hume）によって主張されるようになったものである。彼は、事実に基づく文章をどのように読解するかについて説明した。

このとき私は不意に、命題を通常つなぐものである「である」と「でない」の代わりに、「すべき」と「すべきでない」でつながれている命題に出くわすことがないということを発見し、驚くのだった。

単純かつ強烈とも言えるこの変化は重要だ。それは、何かがそう「である」という単なる事実から、何かがそう「であるべし」ということが導かれるわけではないということを意味する。つまりたとえば、多くの文化が割礼（あるいは、より正確には生殖器の切断）を道徳的に正しいと信じているが、それが本来的に正しいことだという意味ではない。特定の価値観を持っていることが、それを持つべきであることを示してはいないからだ。

同様に、人目を忍んでの男性の不倫が、彼の遺伝子の生存率を高めるための成功戦略として進化してきたことだとしても、不倫自体が道徳的に正しいということを証明するものではない。野生のキノコを無差別に食べる人がすぐにお腹を壊すといった、その代償について知ることになるかのように、何かが自然であるという理由だけで、自動的にそれが正しいという意味にはならない。

道徳の科学は存在しない

科学的な事実が行なうべきことについて何かを伝えているると言いたいのであれば、「説明」から「規定（答え）」に飛躍するための十分な根拠を示す必要がある。これが、科学が道徳について言及するときに大半の人々が失敗する点だ。

サム・ハリスを例にあげると、彼の議論は基本的に「意味、価値観、道徳、そして豊かな生活は、意識あるものの幸福に関する事実に関係していなければならない。幸福は、世界の出来事や人間の脳の状態で正しく合法的に決定されなければならない」という考えに基づいている。そして、もしこの考えを認めるなら「今まで道徳の科学を発展させることに成功したかどうかに関係なく、道徳の科学というものが存在しなければならない」と主張した。

道徳の科学は本当に存在するだろうか？　これには、少なくとも3つの論点がある。

第一に、ハリスはそもそも、道徳は「意識ある生物の幸福に関係しなければならない」という考えを認めるかどうかということを問うたが、「関係する」という言葉は、実際のところ弱すぎるつながりである。

彼が言いたいことは、善悪の問題は、それらがいかに幸福に貢献するか損なうかを基準に簡単に決まってしまうということだった。これは確かに信頼できる説であり、いくつかの道徳的理論の立場、特に帰結主義者に支持されている。

しかしこれは、科学的なものではないし、科学的な原則でもない。「質量×加速度＝力」と同じように、「道徳＝幸福」が正しいと定めることはできない。

2つ目の論点は、幸福が道徳の基本であるとしても、幸福は科学的に扱える変数ではないということだ。仮に幸せ、喜び、痛みの強さなどを測定することができるとして、これらの測定値だけでは、気分が良く、生きがいがあり、他者のために良いことをして、より良い人生を送っているかどうかは判断できない。

幸福の構成要素は論争の的であり、合理的な人同士が何が最も重要であるかについて論争を続けている。科学によって2人の人間のうちどちらがより幸福かを決定することはできないし、また、幸福を最大にするために必要なことを科学が教えることもできないのだ。

3つ目として、ハリスの主張にある「幸福は、世界の出来事や人間の脳の状態で正しく合法的に決定されなければならない」という部分に注目しよう。これは、確かに真実である。私たちは、脳で起こっている何かがないと考えや感情を持つことができない。

しかし、道徳規範を神経学に基づいて決定することはできるが、神経学の土台に道徳規範は存在しない。だからこれは、少しずれた次元の説明である。神経細胞のレベルで見ると、「正しい」と「間違っている」の区別はない。

知覚や思考などと同じように、道徳も、神経細胞の興奮に基づくものにすぎない。しかもそれは、物理的なプロセスの上で発生する特性であって、物理的なものが整えられ、正しい手順で機能した場合にのみ現れる。しかし、それを構成する要素にまで分解すると消滅してしまう。たとえ電子顕微鏡を使って探しても見つからないだろう。

宇宙の他のものと同じように、私たちも根本的には分子の配列でしかないことを認めたとしても、完全な1個体の人間として理解されるからこそ道徳規範を考えることができるはずだ。

ところで、ローゼンバーグはなぜ、道徳は無意味だと主張するのだろうか?

それは彼が「物理的な事実がすべての事実を修正する」と考え、最終的には「宇宙のすべてのプロセスは、原子から肉体的、精神的なものに至るまでフェルミ粒子とボース粒子の相互作用による純粋な物理的プロセスだ」と考えているからだ。繰り返すが、これが紛れもない真実であるのは確かだ。

進化心理学という有力なアイデア

ローゼンバーグやハリスのような人々が、「科学が道徳について語ることについて、道徳はまったく有益な貢献をしないままにあまりにも多くを求め過ぎている」と主張するが、これは間違いだろう。

より謙虚な見方をする科学者や科学哲学者もいる。パトリシア・チャーチランド（Patricia Churchland）は、神経科学と哲学の間の橋渡し役として活動している。彼女はハリスの見解を認めていないが、神経科学が倫理に口出しすべきでないと考えているわけではまったくない。

チャーチランドは道徳の問題に関して、その本質は「制約充足問題」だと考えている。これは、人々が限られた資源で共生しなければならないときに出てくる衝突の解決策を見つける問題だ。だかしかし、その解決策を見つけ出すことになると、チャーチランドは、「神経科学の見地からは何も言うことがない」と言う。

これらの意思決定や解決策を探索するプロセスが働くのは、次のように説明される「神経プラットフォーム（neural platform）」においてである。

社会性の基礎は、私たちを他の人たちと一緒にいたいと思わせる回路にある。それは、私たちが他の人たちと一緒にいたいがために、ときに私たち自身の利益を犠牲にする。そして、除外されたり追放されたりすると痛みを感じ、他の人と共に過ごすことの楽しみ、協力したときの満足感を楽しむ。

ただし、この神経プラットフォームを理解することによって道徳的価値観がどうあるべきかを決定することはできない。神経プラットフォームの外の世界には、非常に異なる社会的慣行が出現するし、それらは歴史、文化、生態学的条件を含む多くのことから影響を受けているからである。

道徳を科学に還元し、倫理の科学的根拠を理解する必要性があるという議論も存在し、進化という文脈から語られることも多い。

たとえば、公平感、協力する意欲、恥と罪悪感など、道徳に関する重要な要素のすべてが、人間が協力する必要性から生じ、遺伝子を通じてこれらの要素が伝わっていく機会を最大化することによって説明できるだろうというのが進化心理学者の間での一般的合意となっている。そうすると、美徳と利他主義は、利己的遺伝子の目的であり手段ということになる。

こう考えると、すべてがうまく当てはまるように思える。また、私個人としてはそうであることを確信している。

ただし、真理と起源に関する真実を混同する「遺伝的誤謬（genetic fallacy）」を避けるよう十分気をつけなければいけない。簡単なわかりやすい例は、科学の背景にある喫煙と肺がんの関連性である。最初にこの真実を認識した科学者がナチス第三帝国の医師だったことはよく知られている。だからといって結論が、ナチスが起源であることによって無効化されることはない。

真実であることの証拠は、証拠がどこから来たとしても関係ないのだ。起源とそれを正当化することとの区別は、利己的遺伝子の進化における利他主義と道徳の起源についてさまざまなことを教えてくれる。

多くの人は、倫理の起源が道徳の正当性を示してくれると信じているが、実はそうではない。進化は道徳の嘘をあばく。私たちが道徳の高次の原則だと思っていたものが、本当は生存（生命）を確実にするために操作された、方向性のない生物学上の力学以外の何ものでもないことがはっきりした例もある。道徳は現実を覆う「うわべだけのもの」または「幻想」なのだ。しかもそれは、進化がそのようなことを行なっているという単純な科学的真実からはほど遠いものだ。

科学的事実も大事

ハリス、ローゼンバーグ、チャーチランドらに賛成する点、反対する点はたくさんあるが、さらに議論を深めていくためには議論の輪郭を明確にする必要がある。ハリスが設定したように、私たちの心がどのように機能するかについて、科学が真実を明らかにすることを受容する人と、事実は価値観について何も教えない（語らない）という人の間では意見の相違が生じる。

ローゼンバーグは「ユダヤ人、ローマ人、ゲイや共産党員についての乱暴で虚偽の『事実上』の信念が他者と共有され、道徳的な核と組み合わさり、第三帝国の道徳的な大惨事につながった」とナチスについて指摘している。

人種や性別の優劣が存在しないことに関する科学的事実は、平等問題のためには必要不可欠である。科学に反対し、道徳観を手にすることに懐疑的であることは、起源と正当性、事実と価値の違いなどを認識し損なうことになる。

道徳は世界共通のものなのか？

正しいことは、状況によって変わる

私たちは、個性の尊重を重んじる、消費者は王様だという世界に生きている。個人の自由と嗜好が何よりも大切で、万人向けのものなどお呼びでないとしたら、道徳というものを食べ物や服の好みと同じくらい気まぐれなものとみなすべきではないだろうか？　あなたにとって正しいことが、私にとって間違っているということはあり得ないだろうか？　それとも、こんな考えは道徳的に無秩序な状態へと向かわせるだけだろうか？

世界は愛情に満ちた創造主によって治められていると信じられているかもしれないが、実際の世の中にはとても痛ましく、短い人生を閉じる人もいる。

ヴィクトリア・クリンビー(Victoria Climbié)は、そんな痛ましい生涯を送った子供だ。コートジボワール共和国に生まれ、教育を受けるためにおばのマリー・テレーズ・コウアオ(Marie-Thérèse Kouao)と共にパリに移住した。後に2人はロンドンのイーリングに移る。時期ははっきりしないが、彼女が身を寄せていたそのおばは、いつしか彼女を傷つけるようになった。

彼女の死の状況を記した調書には、哀れな少女が経験した悲劇の詳細が含まれていた。彼女は「浴槽のなかで眠ることを強いられ」、「浴槽を汚さないよう、黒いビニール袋のなかで縛られ」、そして「犬のように食べ物に顔を押し付けて食べることを強要された」。彼女はおばコウアオとその恋人のカール・マニング(Carl Manning)によって「定期的に殴られた」。マニングは、コウアオがヴィクトリアを「さまざまな道具で」打ったと証言した。靴、ハンマー、ハンガー、そして木製の調理用スプーンなどだ。結果はある種必然的なものだった。

下院衛生委員会の報告書には「ヴィクトリア・クリンビーはパディントンのセント・メアリー病院の集中治療室で、2000年2月25日、8才3カ月で死亡した。死因は数カ月にわたる虐待と暴行による複合的な外傷である」と淡々と記されていた。

こういった事例はしばしば、道徳は相対的なものだと主張する人々への敏感な反応を惹起するものとして利用される。ヴィクトリア・クリンビーが受けた扱いは間違っているということに誰もが同意するだろう。問答無用だ。

それにもかかわらず、相対主義を奉ずる人々は、誰かにとって正しいことは他者にとっては正しくない、逆もまたしかりだと言う。この事例において「誰かにとっては正しい」かもしれないと考えるのは不快で異常だ。

しかしそれは、ヴィクトリアの事例が相対主義を論じるのに特に適しているとされる最大の理由ではない。この事件がなぜ重要なのかは、道徳的な相対主義が彼女の死の一因となったからである。

レイミング上院議員（Lord Laming）によるぎっしりと情報が詰まった調査報告書の奥底に、なぜこんなことが起こったかの手がかりがあった。ソーシャルワーカーのリサ・アーサーウォリー（Lisa Arthuworrey）は、幼いヴィクトリアがコウアオとマニングの前で「気をつけ」の姿勢をとっていると聞いたとき、「この種の人間関係はアフロ・カリビアンの家族でしばしば見られることだ。尊敬と服従はアフロ・カリビアンの家族の掟では、重要な特徴だ」と結論付けた。レイミングはまた、「パスカル・オローム（Pascal Orome）牧師は、ヴィクトリアの気になる振る舞いを、彼女がアフリカから来たばかりだからだとみなした」と記録している。

どちらの場合も、レイミングはこういった人々が異質な文化について、間違った、事実に基づかない憶測をしたことが重要な問題だったと指摘した。だがしかし、文化的慣習や望ましい振る舞いが共同体ごとに、さらには家庭ごとにかなり違うという事実には、より深い問題が存在する。

人はしばしば、別の共同体で行なわれていることは、何を見ても非難できないと感じてしまう。自分が独善的、帝国主義的、そして単純に差別主義的であると見られるのを恐れるからだ。メアリー・ロシター博士（Dr. Mary Rossiter）は調査に当たって次のように述べた。

私はすべての人種、あらゆるバックグラウンドを持つ人々の気持ちに敏感にならねばならないと思っていた。しかし、ソーシャルワーカーの中には、黒人の子供について私より詳しい人もいたはずだ。

あらゆる文化的背景や人種について警戒するべき専門家が、幼いヴィクトリアが受けた扱いというまぎれもなく明白な事実を見逃してしまったのである。別の共同体から来た人間には他人の境涯を裁く資格がないと広く信じられていることが、見落としをしてしまった原因かもしれない。

この結末は、相対主義は正しいとみなしている人、そしてそれを寛大さなどの害のない美徳、多様性と個人の選択を尊重することに結びつけたがる多くの人にショックを与えることだろう。一方で、相対主義は人々を自分勝手な利己主義から引き離すための役には立たず、近代的悪の根源だと固く信じている人も存在する。おそらく意外ではないことだが、この一派の主唱者の多くは宗教的指導者たちだ。たとえばローマ法王のベネディクト16世は、聖パウロのエフェソの信徒への手紙を引いて次のように述べている。

「あちこちに投げられ、風のように変わる教えに引き回される」ことが、現実に対処する唯一の態度であるようだ。私たちは、何ものにも最終的な信頼が置けない相対主義の独裁政権を築き上げようとしている。そしてその最終的な目的は、エゴと欲望のみから成り立つのだ。

彼は「相対主義の独裁政権（dictatorship of relativism）」という表現を5年後に再び使い、それは「人間の本性、運命、そして究極的な善を覆い隠す恐れがある」と説いた。

相対主義も「何でもあり」ではない

それでは、相対主義とは実際にどういうものだろうか？　それは自由放任で危険なものだろうか？　もしくは寛大で温和なものだろうか？

相対主義は絶対主義と対立するものだ。絶対主義者の倫理の概念は道徳的真理であり、似通ったすべての状況にあるすべての時代の、すべての人のための規律になる。

たとえば、殺人が間違ったことであるなら、それはいついかなるときも間違っている。より大きな善を達成するためとか、殺人者を賛美する文化だからとかいう理由で許されることはない。同様に、割礼が間違っているなら、それはいついかなるときも間違っている。そしてそれを慣習としている文化があるという事実も、その文化の中ではそれが正しいということを意味しない。

つまり、単純にそのような文化が道徳的に間違った慣習を制度化していると解釈するのだ。

絶対主義では、規律が道徳的な判断をする性質を持ち続けるための普遍化が必要となる。私たちはある行為がAの状況で間違っていると言うなら、それと同時にAと道徳的に似ているあらゆる状況について、不正である（間違っている）と言わなくてはならない。

相対主義はそれを否定し、「ある人にとって正しいことは、他の人にとっては正しくないかもしれない」、そして「善を悪から客観的に区別する確かな方法はない」と主張する。ただしこれは、「なんでもあり」ということではない。

相対主義がさまざまな形態をとることを思い出してほしい。道徳は文化、個人、時代、人種や状況によって相対的なものかもしれないが、これらが相対的だと言うことは、必ずしも「すべて」が相対的だということを意味しない。

たとえば、文化的相対主義者の立場に立つなら、姦通がある文化においては不正であり、ある文化では正しいとすることがあるかもしれない。しかしそれは「なんでもあり」を意味しない。なぜなら、それはある文化では「完全に」不正だろうし、他の文化では「完全に」正しいとされるからだ。

比喩表現として、水が固体、液体、気体のいずれであるかを考えてみよう。この質問は少し馬鹿げたもので、答えは当然温度と気圧による。ある状態では水は液体であり、別の状態では固体で、さらに別の状態のときは気体だ。環境が異なれば、普通なら両立しないそれぞれの相が現れることを、私たちは難なく理解している。

同様に、ある慣習が1つの文脈では正しく、別の文脈では不正だという主張は、それらが正しいこと、あるいは正しくないことを否定することにはならない。

つまり、「誰かにとって正しいかもしれないことは、他の誰かにとっては正しくないかもしれない」ということは、道徳的判断が無力だという不条理な主張ではないのだ。

しかし、それは本当だろうか？

この主張を信じる根拠はさまざまだ。2つの異なる国について考えてみよう。ある国では年長者と握手することは無礼とされ、他の国では年長者と握手をしないことが無礼だとされる。つまり、年長者と握手をすることが正しいか正しくないかは、相対的だということになる。ある文化の誰かにとっては、そうするのが正しいと思われる行為は、他では正しくないかもしれない。

このような違いは、絶対的な規律に照らして説明されるわけではない。そしてまた、単純なエチケットの問題というわけでもない。

他の例も見てみよう。ジャネット（Janet）は自信に満ち、楽天的でたっぷりと貯金をしている女性だ。アリス（Alice）は臆病で、悲観的で、破産しかけていて2人の子供を持つ女性だ。2人は同じ会社の違う課に勤めている。

そして会社はそれぞれの課で1人ずつ、余剰人員を解雇しなくてはならなくなった。上司は、ジャネットは解雇に遭っても乗り切って立ち直るだろうし、アリスは解雇されれば破産し、惨めな思いを味わうだろうとわかっている。これらの理由から上司は、ジャネットとアリスはそれぞれの課で一番業績の悪い社員だが、解雇はジャネットの課にだけ適用しようと決心する。たとえ私たちがこの決定に同意しないとしても、上司はそれぞれの事情によって何が正しいかを決めるよう努め、とても道徳的に振る舞っていると言えるだろう。

これと似た例を見つけることはそう難しくないだろう。このような事例に直面したとき、絶対論者は2通りの意見を持つ。2つの事例が別の方法で扱われるべきだということを否定するか、あるいは、絶対主義は違いを許容できると主張するかだ。

前者の戦略は非常に愚かだと私は思う。少なくともいくつかの例において「1つの規則をすべてに当てはめる」ことで不合理なことが起こるのは間違いないことだからだ。では、後者はどうだろうか。世の中にはさまざまな状況があり、複雑な道徳規範が必要とされる。絶対主義は、それらをうまく扱うに足るほど融通が利くのだろうか？

相対主義の勝利

絶対主義が柔軟性を持っていて、道徳規範が状況に応じて異なる要求にうまく対処できると論じるには、すべての状況において、それらの土台に道徳的基盤がある、つまり絶対的な道徳原則があると主張することになる。

その絶対的な道徳原則は、功利主義者が信じる「最大多数の最大幸福となるように行為せよ」ではいけないのだろうか？　確かにこの原則に従えば、ある文化では握手をするが別の文化では握手をせず、ある状況では最も業績の悪い社員を解雇するが、別の状況ではそうしないことができる。

あるいは、究極的な道徳規則になりうる別の候補として、「自分がしてほしいことを他人にせよ」はどうだろうか？　自分の属している文化の慣習に従って他者から扱われることを、どれくらい望むだろうか？　またはその慣習に従って、どの程度まで辛いことに耐えられるだろうか？

このように考えていくと、これはもはや多くの絶対主義者が望むような絶対主義ではなくなり、相対主義者が擁護するような道徳的規則の途方もない変化、進化を認めることになる。これは、相対主義が絶対主義の要素を含んでいる、もしくは絶対主義が相対主義の要素を含んでいることを示しているのかもしれない。

そうすると「相対主義者」と「絶対主義者」という言葉は、まったくもって役に立たず、真の道徳的見解は、両者の要素を結び付けるものとなるのかもしれない。

しかし、この解決策はおそらくうまくいかない。私たちは2000年以上にわたって、すべての基盤となる1つの道徳規範を見つけようと奮闘してきたが、いまだに合意に達していない。これまでの経験的証拠、人類の歴史は、そんな規範が存在しないという証となっているのだ。

私たちは、幸福、尊敬、平等など、道徳に関する言葉ならいくらでもあげられる。しかし、すべての道徳的規則がそこから派生するような1つの規範をあげることは不可能である。時代、場所、人種が違えば、道徳的な優先事項は変わる。赤ん坊、子供、大人、老人という違いだけでも異なる扱いが必要だ。同様に、人間のさまざまな状況の変化は、違う道徳的な答えを必要とする相対主義の必然性を物語っている。

相対主義は懐疑主義ではない

絶対主義者たちは、道徳的規則には変化が必要だということに対して、別の反応をするかもしれない。ある状況下で間違っていることならば、それは道徳的に類似する他の状況下でも不正だ、と絶対主義者が言っていることを思い出そう。握手の例やアリスとジャネットの例は、道徳的にまったく違うのだ。

この考えは説得力があるように聞こえるが、これでは絶対主義者は譲歩しすぎではないだろうか？　もし、この「道徳的な違い」が、文化、個人、状況などに関する事実を含むならば、それは道徳が文化、個人、状況によって相対的だというのと変わらないだろう。あらゆる状況下で「道徳的に重要な違い」があり、「絶対的な道徳規範」を定義しようと努力するのは無駄だとあっさりと容認してよいものだろうか？

相対主義者が狂気じみた人ではなく意外にも合理的だと思えてこないだろうか。そしてそれは相対主義者が大抵の場合、彼らのもっとも馬鹿げた茶番の形によって描かれるからかもしれない。

普段、私たちに見せられる相対主義者は、道徳的なジレンマに直面し、肩をすくめる、決っして決断をしない人物だ。そういったあからさまな相対主義者は道徳を置き去りにするものであり、私たちは暗黙のうちにそのことを読み取っている。問題は、そんな漫画のような相対主義者はめったにいないということだ。ステレオタイプな相対主義者を一番適切に表す言葉は、「道徳的懐疑論者」だろう。

道徳的懐疑論者は、純粋な道徳的判断は不可能だと信じている。それにはさまざまな動機がある。道徳的事実など存在しないと思っているかもしれない。道徳的事実がないなら、何が正しくて何が間違いかなどと言うことはできない。ただ「ベニヤ板」でできたうわべだけの仮説ならいくらでも持ってくることができるだろう。つまり道徳とは、醜い現実の上に塗りたくる魅力的なニスにすぎないというわけだ。

私たちが良いと考えるものは、単に力強さを感じさせるもの、いい気分にさせるもの、あるいは信じるように仕向けられたものにすぎない。相対主義者が道徳的懐疑論者とは違うのは、相対主義者は道徳的判断が確かに可能だと信じ、その上で道徳的判断を絶対的とすることを否定している点だ。

神も相対主義者である

倫理は絶対的である、またはそうあるべきだと主張する別の動機は、倫理というものは、神に基づかなければならないという考えだ。神が道徳的規則を決め、神の規則はすべてに、またはときと場所に応じて適用される。ここでの問題は、実際に神こそが――もし存在するとすればだが――誰よりも並外れた相対主義者だということだ。

たとえば、あなたがキリスト教徒だとしよう。レビ記にはあらゆる種類の奇怪に聞こえる規則がある。神によって決められた、キリスト教徒がもはや従うことを義務だとは思わないような規則だ。そこには同性愛者や親を敬わない子供の死刑、野ウサギやイカを食べることの禁止、男性がヒゲの手入れをすることの禁止、そして奴隷制の承認が含まれる。

しかしほとんどのキリスト教徒は、新約聖書が旧約聖書に取って代わり、それらの規則はもう適用されないと信じている。

古代ヘブライ人にとって間違いだったことが、神の命令によって、現代のキリスト教徒にとっては間違いではなくなったのだ。私の目にはこれが、相対主義と神が倫理の基盤を作るという、信仰と相対主義のまぎれもない結合に見える。

いろいろな意味で、これは驚くほどのことではない。盛んに議論されてきた神命説（何が良いか悪いかは神が決めることだという考え）にまつわる困った点は、神が現在は間違いだとすることを後に正しいとする、もしくは逆のことが起こる可能性があることだ（『道徳は神様が創ったもの？』参照）。キリスト教文書は、これをまさに彼らの神が行なってきたという証拠である。

大勢の人々が、神は自らを異なる方法で人に示す、という考えを持っている。そしてこれは、世界中の宗教のうち1つだけが正しくて他はすべて間違いだという意味ではない。それぞれのあり方で、すべてが正しいのだ。しかし、異なる宗教は人々に異なる道徳的要求をすることから、それぞれの宗教が正しいなら、神は相対主義者であるはずだ。ユダヤ教徒、シーク教徒、イスラム教徒、キリスト教徒、そして他の宗教の信者たちに異なることを要求しているのだから。

共通の道徳を持つ可能性が、まったく残されていないわけではない。「怠惰な相対主義」と呼ばれるものは、道徳的な判断の可変性を受け入れて、本当に考えなければならないときにだけ思考を停止させる。

ヴィクトリア・クリンビーの事例が示していたのは、極端に単純化された相対主義の危険性である。もっと厳しい相対主義は可能である。

もちろんこれは、道徳的相対主義が正しいと言っているわけではない。ここではそういうことは述べていない。

ただし、たとえ私たちが最終的に相対主義を拒絶するとしても、「何が正しくて何が間違っているかは、状況によりはっきりと変わりうる」という教訓は健在だ。

道徳は神様が創ったもの？

神がいなければ、すべてが許される？

「神がいなければ、すべてが許される」という言葉がある。これは、ドストエフスキー（Dostoevsky）の作品の一つである『カラマーゾフの兄弟』に登場するミーチャ・カラマーゾフによって述べられた考えで、もとの表現よりも言わんとしていることが的確である。

重要な点は、「神が存在しなければ、道徳も存在しない」という説得力のある一般的な考えを、完璧なまでに言い表していることだ。

さまざまな種類の宗教を信じる人々や、宗教を持たない人々が暮らすこの世界で、異なる世界観を持つ人々を非難することができるだろうか？

無神論者はときに、無条件に非難される。たとえば、現在のローマ法王は、何度も次のように述べている。「もし、道徳が神から与えられたものでないならば、道徳はいかなる起源も持たない。もちろん、人間が起源であるなどということもない」。

さらに、ローマ法王は2度目の回勅で、「神が行なわず、また、行なうことができないことを、人間は行なうことができるし、また、行なわなければならないという主張は、傲慢であり、本質的に誤りでもある」と述べている。そして、「神のみが、正義を創り出すことができる」のだから、「この考えが大規模な残虐行為や、正義の侵害につながったことは、決して偶然ではない。むしろ、この主張の根源的な誤りの中に、残虐行為や正義の侵害の原因がある」と言う。

ローマ法王は数年後、イギリスへの公式訪問の際、再びこの話題に触れた。エリザベス女王が列席する中で、次のように述べている。

20世紀の過激な無神論者に関する重大な問題について考える際、決して忘れてはならないことがある。神、宗教、そして美徳を公の生活から排除すれば、人間や社会の基準からはみ出した部分は切り捨てられ、その結果、個人とその運命に対する見方も矮小なものになってしまう。

ローマ法王のこの発言をさらに際立たせているのは、「社会から神を消し去ることを願っていたナチスの独裁政治」に対する彼の以前の発言と、今回の発言が同じだったことだ。

ローマ法王に名指しされた無神論者は、法王の見解を聞いて、困惑し、怒っている。神の存在を否定するものは、生まれながらに道徳観念がない、あるいは不道徳であるという考えは、この時代のひどくゆがんだ、間違った考えであると無神論者は思っているからだ。

それゆえ、無神論者協会が、広報活動の中で明確な道徳的価値観を主張することが多いのもうなずける。たとえば、アメリカン・ヒューマニスト・アソシエーション（The American Humanist Association）は、「善いことをしないとあなたを罰するかもしれない神のために、善いことをしよう」という表現と対照的なものとして、「善のために善人であれ」という標語を使っていた。ヒューマニスト・ソサエティー・オブ・スコットランド（The Humanist Society of

Scotland）は、同様に、「神抜きの善い行ない」という標語を作った。

神を信じる者たちと信じない者たちの両陣営に、矛盾した主張があることははっきりしている。それでは、どちらが正しいのだろう。神がいなくても、道徳は存在し得るのだろうか？

神は善良である

宗教と道徳の問題が議論されるとき、必ずといって良いほど取り上げられるジレンマの原型となる論述が、最良の書と呼ばれるプラトン（Plato）の対話編『エウテュプロン（Euthyphro）』に書かれている。

主人公のソクラテスが、単純なジレンマを提示する。「信心深い人か徳の高い人は、徳が高いので、神々に愛されるのか？　それとも、神々に愛されているので徳が高いのか？」と。

プラトンは多神教の時代を生きていた。この言葉をより明確に現代の議論に当てはめるためには、「信心深い」を「善良な」に、「神々」を「神」に変換するとわかりやすくなるだろう。また、神が誰を愛するかではなく、神が何を命じるのかについて考えてみることもできる。すると、問いはこうなる。

「神は、善いものであるから、善いことを命じるのか？　あるいは、神が命じるから、命令されたことが善いことになるだけなのか？」と。

2つ目の問いは、神命説として知られているもので、行動が正しいとされるか、間違っているとされるかは、神の意思によるものであり、その行動自体が正しいわけでも間違っているわけでもない。

中世の哲学者、オッカムのウィリアム（William of Ockham）の作品の中に、この論文の明解な解説がある。その中で彼は、「憎しみ、盗み、不倫」などの行為について次のように述べている。

神は、いかなる罪悪も含めることなく、憎しみ、盗み、不倫の行為を行なうことができる。実際には、この世界の誰かが、憎しみ、盗み、不倫などの行為をしてはならないという命令を神から受けた。しかし、もしそれらの行為をするように神から逆の命令を受けたなら、彼らは賞賛されながら、憎しみ、盗み、不倫の行為を行なうことができる。

この内容は、異様であり困惑させられる考えだと、多くの人は感じる。私たちが悪であると認識していることのすべてが実は善であり、その逆もまた真であるという命令を、神が下すことができるという考えは、倫理の重大さを軽視しているものだと思われる。この考えは、正しいことと間違っていることを、最終的には気まぐれで決めることになるわけで、そのようなことが正しいはずがない。

加虐的な拷問のような、最も邪悪な行為について考えてみてほしい。神が善であると決めたというだけで、そのような邪悪な行為がどうして善であると言えるのだろうか？

よって、神がそうするように命じるからというだけでものごとは善であるとする選択肢を完全に否定し、その代わりに、別の可能性を選択することになる。神は、その行為が善であるから、善である行為を命じる。そしてこれが真実だとしても、善とは、神の意思から独立している。

神が命じる何かは、その行為を善くするものではない。むしろ、その行為はすでに善い行為であり、だからこそ、神はその行為を命じるし、これは、本当に道徳的な神と矛盾しないのである。

何かをしてほしいと思い、そして人にその行為を要求することはおかしなことではない。人に善である行為をしてほしいと思うものが神だとしたら、なおさらである。神は、「父」として表されることが多いが、神は「私がそうするように命令したから」というだけで、自分に従うのが当然だという暴君のような存在ではない。

哲学において相手を圧倒させるような議論は稀で、おそらく、そのような議論は存在さえしていない。プラトンの『エウテュプロン』のジレンマによって、問題を一気に決着させることができると大半の人々は思っているようだが、神命説が息を吹き返し、回復し、復権できると主張する人たちがいないと言っているわけではない。

善良さは本来、神の属性であって、神から独立して存在するものではないという、誤った前提でジレンマが提起されることがある。そしてそれにより、神命説が成り立つという主張がなされる。正しい前提の神命説は、次のようになる。「神が命じるから、命じられた行為は正しい。しかし、神は善そのものなので、神が命じることは気まぐれによるものではない」。

では、神命説において、ジレンマを違う表現で言い換えてみよう。神は善良だから神の本質が善良なのか？　それとも、神の本質が善良だから神は善良なのか？

神と善良さは切っても切り離せないことから、これらの疑問を投げかけても無駄だと主張することはこれらの問題から逃げることになる。

たとえば、山についての考えそのものが、際立った高さについての考えを意味している。その意味で、高くない山はない。しかし、高さは他のものにも当てはめることができるという点で、高さの概念は山の概念と切り離せる。

すると、次のように問うことができる。「山であることが陸地を高くしているのか？　あるいは、高いということが陸地を山にしているのか？」。答えは後者だ。つまり、山は高いからこそ山なのである。どのような山であるかどうかによって、高さは限定されないのだ。

同じ理論で、もし神が善良であるという定義によって神が存在するならば、さらに、次のように問いかけることができるだろう。

「善良であるという定義による神であることは、神が善良な存在であるからなのか？　あるいは、善良さが今のように定義されているのは、善良さが神に本来備わった属性であるからなのか？」

善良さの概念が、神の概念を必要とするという主張は間違っている。善良さは神の概念とは無関係に理解できるものだろう。そうでなければ、善良さはあらゆる道徳的な力を失う。

善良さは、単に神が命じたことなのだろうか。そうならば、何か他のものであるに違いない。しかし、それは何だろうか？

客観的な道徳の法則は存在するか?

エウテュプロンのジレンマは、倫理学の神からの独立に関して重要なことを示すために通常は使われる。しかし、エウテュプロンのジレンマが、もっと他のこと、つまり、「誰にも」依存しない倫理学を示していると主張する人もいる。

考え方は単純だ。倫理学は神の意思とは無関係でなければならない。そうでなければ、倫理学は恣意的なものになってしまう。ただし、倫理学が神と無関係であれば、倫理学はそれ自体の客観的な真実を持っていなければならない。

しばらく神のことは忘れて、善良な人たちについて少し考えてみよう。そしてこれを「人間のための(Anthropro)ジレンマ」と呼ぼう。「善良な人間は、ある行為が正しいからその行為を選ぶのだろうか? あるいは、善良な人間がある行為を選ぶから、その行為は正しいのだろうか?」。

後者の選択肢の可能性は、神がその行為を命じるからというだけでその行為が正しいとする考えよりも、ずっと馬鹿げているように聞こえる。善良な人間は、ある行為が正しいからその行為を選ぶというのが答えだ。

しかし、ある行為が正しいからその行為を選ぶというのは、人間の選択と行為の問題といえるだろう。しかも、正しい行為を選択するということは、道徳が客観的なものであるということを意味している。

この議論には、仮説的な要素がある。これらのすべてが示していることは、善良な人たちというような分類があるとすれば、道徳は客観的で、人間の選択と無関係でなければならないということだ。このジレンマは私たちが支持する道徳の本質に関する最も基本的な議論の1つになっている。

要するに、本当に善良な人間と正しい選択が存在するのかということだ。そしてその場合、道徳は客観的なものなのか、はたまた人類の気まぐれな選択の産物であるのか？　そして、客観的な倫理がなければ、あらゆることが許されるのだろうか？

エウテュプロンのジレンマは、今や、宗教的な思想家も宗教とは関係のない思想家もどちらも困惑させるものへと変化している。多くの無神論的道徳を研究する哲学者は、道徳は「客観的ではない」と以前から確信してきた。

どのようにしたら、道徳的な価値は独立した客観的な存在であり得るのだろうか。物理法則の中には、「べきである」や「でなければならない」というものはない。自然主義的な宇宙の中で、戒律が石板に刻まれた場所は存在しない。独立し、客観的な存在を持つ道徳の法則などというものは、ある種の誤りなのかもしれない。

道徳の4つの要素と客観性

それにもかかわらず、客観的な道徳の観念を否定する人々の多くが、倫理は真理であり、倫理が存在することを主張する権利があると信じている。どうして、そうなるのだろうか?

諸説あるが一般的には、道徳には何の根拠もない。どちらかといえば、道徳はある種の「事実」、「願望」、「感情」、「必要性」という4つの要素からなる集合体から発生するものだ。

「事実」はたとえば、痛みは不快であるということを含んでいる。人は痛みを避けようとし、動物も同じようにする。あるいは、肌の色の違いに道徳的に大きな違いはないということや、人がいかに裕福であろうと、才能に恵まれていようと、運が大きく関わっているということもその「事実」に含まれる。

「願望」は、幻想に惑わされない生活を送ること、偽善的でないことや、満足のいく理由で評価されることを含む。

「感情」は、他人の苦しみを見て、感情移入的な苦痛を感じることや、他人をよい気分にしてあげて、喜びを感じることを含む。

そして、「必要性」は、お互いに平和に生きること、周りの人を信頼できることや、協力し合うことを含む。

これらすべてを考え合わせると、道徳のようなものがどのように発生するか容易に理解できるだろう。ありのままの事実、願望、感情、必要性を考慮すると、私たちは、正義を支持し、他者との関係において公平で正直であり、他人に思いやりを示し、罪のない者を殺さない、などの行為を是とする正しい根拠を持つことができる。

この4つの要素は、共に道徳の理論的根拠になるのだ。つまり、道徳とは、賢明な利己主義を超えたものであって、これもまた、4つの要素の一部ではあるけれども、結局のところ、正しいことをすることは、正しいことをしないことよりも、まだましなのだ。

しかし、道徳は、「客観的な」道徳にはならないように思われる。確かに、客観的な事実は、道徳の客観性に関係している。しかし一方で、道徳はまた、感情と願望も含んでいることから、倫理の客観的な根拠を完全に証明するところまでは至らない。

もし仮に、誰かが自分の仲間とうまくやっていきたくないとか、仲間の苦しみは気にしないと言ったとしても、その人が他のことを願望することや、その誰かに感情という点で欠陥があるなどということを客観的に示す方法はない。

道徳の客観的な部分と客観的ではない部分を考慮すると、「人間のためのジレンマ」は、間違いか、少なくとも誤解を与えやすい2分法に基づいていることに気付くだろう。たとえば、客観的な道徳とまったく気まぐれな道徳という2分法だ。行為の選択が任意であるということは、それが何の制約もなく、個人的な気まぐれや好みに基づいていることになる。

さて、どういう意味で、事実、願望、感情、必要性から発生する道徳の類が、気まぐれで恣意的だと言えるのだろうか?

価値を強制的に選ぶように仕向ける外的な力や主義などないという意味においてのみ、道徳は恣意的だと言える。「憎しみ、盗み、不倫など」が道徳的に許されると本当に定めたいのなら、エウテュプロンの神のように、私たちが望むときに、そうすることができる。「その意味」で、倫理は恣意的なものであり、神がいなければ、すべてが許されるのである。

そうは言っても、私たちのほとんどが「恣意的」をそんな風に理解しているのではない。私たちの道徳は、あてにならないものではない。人間性に関するある種の事実と、その正当性を保っている願望や感情とうまく折り合いをつけようとする必要性に道徳は基づいているのだ。

だから、たとえば、愛することが正しいかどうかを考えたとして、愛することが正しいと言うための、客観的で理性的に納得できる論拠はない。それにもかかわらず、私たちは、愛に付随する不利益と同時に、愛が与えてくれる恩恵も理解できるし、人には愛を欲するちゃんとした理由があり、愛を破壊する正当な理由はないということをわかっている。

したがって、他の人から恋人を奪おうとする人は、有罪ではないが間違いだ。つまり、人が愛を欲するという点は正しいし、恋人を奪おうとする計画を阻止しようとすることも間違いではない。そして、私たちは、まさにそのような規律に従い、法律や社会的な圧力を通して規律を維持しており、神がいなくても多くのことは許されないのである。

これは、かなりわかりやすく思えるはずだ。しかし、いまだに多くの人たちは、倫理が完全に客観的な根拠を持たなければ主観的であるに違いないと思い込んでいる。思うに、二者択一の選択のペアとして、主観的と客観的を考えるところに誤りがあるのだろう。

トーマス・ネーゲル（Thomas Nagel）の著作『どこでもないところからの眺め』で説明されている言葉で考えることが、より事実に即したものであり参考になるはずだ。ネーゲルにとって客観性は、程度の差の問題であって完全なものではない。「個人の性質の特殊性や、社会における地位」などの情報に依存する部分が少なければ少ないほど、私たちの見方はより客観的になる。個人の気まぐれや、過去の出来事から成り立つ現在の社会的慣習の中で、客観的な要素が圧倒的に優勢であると想定するのは困難であり、たぶん、不可能だろう。

道徳は分子生物学よりも主観的だが、音楽の好みよりは客観的である可能性がある。道徳的な思考において主観的要素があることに何も問題はない。他に何があるというのだろうか？ただ、主観的要素が優位すぎるのであれば、それは問題だ。

神は絶対ではないが、影響を与える

これらのすべてが「人間のためのジレンマ」の解決策を与えてくれるなら、エウテュプロンのジレンマの解決策も与えられるのだろうか？

答えは、「イエス」でもあり、「ノー」でもある。もし神が客観的な道徳に縛られていなければば、人間が恣意的に選択することがないように、神も恣意的に選択することはないだろう。私たち人間と同様に、神があらゆる道徳的な価値をひっくり返すことを止めるものは何もない。しかし、神はそのようなことをしない。神は無作為に選択するのではなく、事実、願望、感情、必要性に基づいて選択するのだ。

エウテュプロンの要点は、今でも有効である。私たちは、何が正しくて、何が間違っているかを、神に決めてもらう必要はない。ただし、神が道徳に影響を与えないと言っているわけではない。

許されない行為をした場合に人間が処罰されるという意味において、ある種の神の存在がその行為を許されないものにする、という見方がある。ただし、この「許される」という言葉は、通常、使われている意味ではない。ただ強制されないというだけだ。

神が存在するならば、人間よりも神のほうが何が正しいのかを適切に判断できると考えるのは、至極当然である。だから、もし、私たちが、神の導きを利用できると思ったら、その導きに従うことは正当化されるだろう。それにもかかわらず、ほとんどの宗教の経典のあいまいさと、神が私たちに対して実際にしてほしいと思っていることに関する、私たちの解釈にはあまりにも大きな不一致、差がある。

実際のところ、これは小さな損失だ。神の考えていることが、私たちにとって最善であるかどうかはっきりわからないので、いずれにせよ、私たちは、自分自身の判断に頼らなければならないのである。

よって、神が存在しなければ、正義が最終的に守られる保証がないという点と、おそらく、人としての生き方に関して不完全でも有益なある種の宗教的な教えに頼ることができないという点で、道徳の損失になる。

しかし、道徳の損失があるということは、道徳を完全に喪失するということではない。人間は、確かに、神がいなくても、善良さのために善良であり得る。本書で明らかにされていることを願うのだが、つまり人間は、道徳的な哲学の豊かな源泉に永久的に助けられているのだ。

道徳の対立に終わりはあるか？

最後はあなた次第

私たちは道徳問題に対して常に答えを求め続けている。その思いがあまりにも強いので、明確な答えはないという根拠を探そうとするよりも、根拠の弱い明確な答えのほうを好むことが多い。

なすべき正しいことは何かを知るための方法がきっとあるだろうと多くの人々が考えているからこそ、倫理において、あいまいな答えを受け入れることが難しい。正しいことは何か？　それを知る方法は、本当にあるのだろうか？

ジョゼフ・コンラッド（Joseph Conrad）が著した『闇の奥』という作品がある。作品の最後に、主人公のマーロウは、クルツという男に先立たれたその婚約者と会う。クルツはジャングルの中で野蛮で残虐な人物へと落ちぶれ果て、「地獄だ！　地獄だ！」という言葉を残して死んでいった。

クルツの婚約者は、マーロウに対し、誠実で、信念があり、苦難を受け入れられる成熟した包容力のある人だという印象を持っていた。彼女が、マーロウがクルツの死に立ち会い、彼の最後の言葉を聞いたと知ったとき、マーロウに懇願した。「クルツの最後の言葉を聞かせてください。私は知りたい、知りたいのです。彼の言葉を、彼の言葉を、私を支えてくれる言葉を」。

マーロウは、クルツが残した言葉を思い出しながら、何も言えなかった。そこら中に広がる、消えることのないささやきの中で、うっすらとした闇がクルツの言葉を繰り返し、最初に湧きおこる風のかすかなざわめきのように、そのささやきは人を不安に陥れるほどに膨れ上がっていった。

「彼の最後の言葉を、私を支えてくれる言葉を」と彼女はつぶやいた。「おわかりにならないのですか？　彼を愛していたことを。私は、彼を愛していた。愛していたのよ！」

マーロウにとって、なすべき正しいこととは何だったのだろうか？　生きていく支えになる言葉を彼女に告げるという、露見することのない嘘をつくことなのか？　あるいは、真実を明らかにし、たとえ心地よい幻想を打ち砕いたとしても、彼女を真実に向き合わせ、対処させることだろうか？

次に、『闇の奥』のジレンマとはまったく異なるジレンマを紹介しよう。1985年、ジョー・シンプソン（Joe Simpson）とサイモン・イェーツ（Simon Yates）は、アンデス山脈のペルー側にある6344メートルのシウラ・グランデ峰へ登攀《とうはん》したが、下山途中で災難に見舞われる。

この一件は、シンプソンの秀逸な著作、『死のクレバス』や、人の心を捉えて離さない同名の映画（日本では、『運命を分けたザイル』）で、永遠不滅なものとなっている。

このストーリーの中の重要なエピソードは、片足を骨折してしまったシンプソンが、山の北側の尾根から足場のあるところまで、90メートルのザイルで、イェーツに降ろしてもらっていたときに起こる。シンプソンは、絶壁の縁から宙吊りになってしまった。ザイルで降ろす作業に失敗したのだ。

イェーツはザイルの片方を支えていたが、シンプソンを引っ張り上げることはできなかった。シンプソンも、骨折した足と凍傷にかかった両手のせいで自力で上がることはできず、半ばイェーツに助けてもらうことを諦めていた。そしてイェーツも、ここで力尽きて死ぬか、宙吊りになっている自分の体のずっしりとした重みで絶壁から転落して死ぬかのどちらかだろうと悟ったのだった。

絶壁の縁で、イェーツはそのとき思ったことを回想している。ザイルを切るという考えがふっと頭に浮かんだのだ。「そうだ、ナイフだ。急いでやるんだ」。さて、ザイルを切って、登山のパートナーを死に追いやることは、本当に正しいことだったのだろうか？

2つのジレンマは、さまざまな点で大きく異なっている。しかし、これらに共通しているのは、与えられた選択肢を選ぶことが信じられないほど難しいという点だ。

本当の難しさとは、2つのジレンマのどちらにも難解な答えしかないからなのか？　あるいは、そもそも答えなどどこにもないからなのか？

つまり、道徳的なジレンマは解決が難しいのではなく、解決不可能なものなのではないだろうか？

答えを決めるためには客観性が必要

道徳的なジレンマを解消するためには、2つの点が機能していなければならない。1つは、道徳的な原則には、ある種の客観性がなければならないという点だ。「ある種の」と、意図的にあいまいな表現にしているのは、道徳的な原則が、人間の思想や文化から独立した本質的な存在を内包し、完全に客観的である必要はないかもしれないからである。

道徳的な原則に必要とされるのは、妥当性のある道徳的原則と妥当性のないものとの違いを識別するための、社会一般で合意された基準だけかもしれない。妥当性を判定できるような違いがないのだとしたら、道徳的なジレンマには、正しい解決策などあり得ないということになる。なぜなら、ある選択が別の選択よりも良いかどうかを測るための基準がないことになるからだ。

しかし、この客観性があったとしても、それだけであらゆる道徳的なジレンマが解決されるわけではない。2点目として、道徳的な原則は、ある種の序列の中で順位付けが可能でなければならないのだ。これは、2つの道徳的な原則が対立したとき、どちらの原則が勝利するかをいつでも決めることができるようにするためである。

たとえば、『闇の奥』の場合、同情と真実の間に葛藤がある。そのどちらも客観的には正しいかもしれない。しかし、どちらかがもう1つの選択よりも優れているという事実がない限り、このジレンマを解決することはできない。

『死のクレバス』の場合、切迫した状況下で対立する道徳的な原則は、2人に関わる人すべての幸福のために行動する必要性と、友達の命を守るためになすべきすべてを実行する義務との間にある。もちろんここでの友達とは、共に危険な冒険に挑戦し、運命の命綱を結びつけている相手のことだ。


客観性は完全なものではなくてもどうにかなるかもしれない。というのは、道徳の間に序列を作るためには、間主観的な同意と呼ばれているものがありさえすれば良いからである。たとえば、もし、生命の権利のほうが窃盗から財産を守る権利よりも大切だと、全員が同意したとしよう。そうすると、強盗を逃がすのか、あるいは拳銃を使って強盗を阻止するのか、という選択に直面した人にとって、最初の選択肢を選んだ方が正しく、2番目の選択肢を選ぶのは間違いであるということになる。

そこで、「その選択の通りですね。しかし、この原則は客観的なのですか？」と尋ねられたとしても、客観的な原則、あるいは、間主観的な原則に基づいていると答えることができる。間主観性は、「ある種の客観性」と考えることもでき、それは人の信念から完全に独立した高みに到達することなく、個人や下位集団の好みを超越した道徳的な判断力の基礎を与えてくれるのだ。

道徳的な価値観の客観性についての悩みの種は、他にもたくさんある。

1つは、そのような順位付けをするのに必要な価値の特性を測る方法だ。たとえば、真実と同情の価値を考えてみよう。真実も同情も、両方が重要であると思う人は、片方が、「いつでも」もう一方より価値が高いと思うようなことはほとんどないだろう。誰かが嫌な気分にならないように重要な事実を隠さないだろうし、ささいなことであってもひどい苦しみの原因になるようなどうでもよい事実を、当人に漏らすような意地悪はしないだろう。

それぞれの優先度は、特定の状況と、それぞれの要素がどれくらい重要であるかにかかっている。

普遍性を持った道徳的な原則であっても、序列に当てはめることは難しい。個々の事例について、それぞれの原則を細かく分析する必要があるだろう。しかし、犯罪などあらゆるものを、価値に応じて1つひとつ仕分けることは不可能であり、見当違いでもある。道徳的アルゴリズム（道徳的な問題解決手順）を機能させることによっても、それぞれの事例をきちんと処理することはできないだろう。

異なる種類の行動が、客観的に見ても道徳的重大さが異なるものだったとしても、種類に応じて行動を順位付けするにはある程度の値踏みが必要となるし、行動に基づいた見立てでは不正確さが出てくるだろう。

唯一の、本当に客観的な順位付けは、それぞれの行動を個別に評価することであり、道徳的な原則の序列というよりは、道徳的な側面を持ったあらゆる行動の順位表を作るという途方もない作業となるだろう。

客観性と順位付けには、2つの問題がある。1つは、私たちが比較したい2つの行動の順位表がどこにあるのかを一体どうやって知ることができるのか、という点だ。

問題の真相があると信じてはいるが、それが何であるかよくわからない人は、知るべき問題の真相はないと信じている人と結局は同じ状態にあるのかもしれない。

しかし、私たちが、実用的な知恵の道具として倫理学に関心を持つと、そのような理論的な違いはまったく問題にならない。ジレンマを解決するためには、機械的に規則を当てはめるのではなく、人々の良識に頼ることになる。

2つ目の問題は、私たちが順位を知り得ないということではなく、「そのような順位付けが理論的にはあり得ても、実際にはあり得ない」ということだ。道徳的な事実は客観的かつ絶対的なものとして存在するのではないという考えに至った今、道徳がどのように良識を生み出すのかを理解することは難しい。道徳に関して、統計的な方法はまったく使いものにならないのだ。

多元性が客観性を生む

ところが、道徳的な多元論から、悪事に序列を付けるための急進的な考え方が台頭してきている。哲学者アイザイア・バーリン（Isaiah Berlin）は、亡くなる少し前に、多元論が本当は何であるのか、非常に明確で説得力のある弁明を論文にまとめた。

彼の主張の中心は、「人が見つけ出すことができ、また見つけ出そうとする価値は数多く存在する。しかも、これらの価値は、それぞれに異なっている」という明白でわかりきった内容だった。ある人は孤独な瞑想に価値があると思うかもしれないし、また、ある人は社交性に価値があると思うかもしれない。禁欲主義的な自制に価値があると思う人がいるかもしれないし、快楽主義的な喜びの追及に価値を見いだす人がいるかもしれない。

ここまではよしとしよう。私たちはさまざまなものに価値を見いだすが、多元論は私たちが何に価値を置くべきか、何が正しいのかを、何一つ示していない。ここで多元論についてもう少し詳しく解説し、相対論との違いをはっきりさせれば、多元論と相対論の価値観における違いを理解する方法がわかるはずである。

バーリンは、「価値観は客観的だと思う。多元論は人間的であり、そして、相対論にも客観性が与えられている。私が人間の姿と性格を維持しつつ、人間の価値の数、つまり私が追い求めることのできる価値の数が制限されているからこそ、客観性が生じるのだ」と述べている。

ここで重要な点は、人がさまざまなことに価値を見いだすということは、すべてのものごとに真の客観的な価値があるというわけではないということだ。たとえば、少数民族のグループを絶滅させたり、女性を従属的な立場においたりすることに価値を見いだすことは、合法的な選択ではない。さらに、バーリンは次のように述べている。

「私はミルク入りのコーヒーが好きで、あなたはミルク抜きのコーヒーが好きだ。私は優しさを支持し、あなたは強制収容所を支持している」と、私は言っているのではない。私たちはそれぞれ独自の価値観を持っているが、それぞれの価値観が、他の優勢な価値観に打ち負かされたり、統一されたりすることはあり得ない。そのようなことは間違っていると私は思う。それが、多元論は相対論と相容れないという理由だ。つまり、多様な価値観は、客観的であり、人間の主観的な好みの気まぐれな産物というより、人間の本質の一部なのである。

このような価値観の多種多様性を考慮すると、バーリンが他の随筆で著わしているように、「異なる価値観は衝突するものであり、だから、異なる文明は両立しない」となる。しかしこれは、異なる文明だけに限定されるものではない。

価値観は、個人の胸の内で容易に対立するだろう。そして、価値観が対立したとき、ある価値観が真実で、それ以外のものが間違いであるということにはならない。これは、あらゆる道徳的なジレンマを解決できる客観的な価値観の序列への期待が、誤った期待であるということを意味している。

この価値観の対立は、彼らが何者であるか、私たちが何者であるかの本質に関わっている。原則的に、あらゆる善いものが調和している完全な世界の中で、これらの矛盾が解決されると教わったら、私たちは、教えてくれた人に反論しなければならない。彼らが付与した「矛盾」

という言葉の意味は、私たちにとっては対立する価値観を表しているのだと。

ここで、現実の相対的な特徴に注目せずに議論しても、結論に達しないと思われる事例を紹介しよう。

それは、社会と個人主義の相対的な価値について考えることだ。社会には、密接な社会関係の中で生きることについての良い面がある一方で、体制に従おうとする意識から生じる悪い側面もある。個人主義にも利点があるが、社会的支援の喪失という代償を支払わなければならない。

異なる気質を持ち、異なる欲求がある私たちは、どちらかが別のものよりも優れていると単純に言うことができるのだろうか?

人間性を観察すれば、そうではないということがわかるはずである。社会と個人主義は、違う方向に進む2つの実在する価値であり、どちらかがもう片方よりも客観的に優れているという事実はまったくない。

価値観に優劣をつけられないということは、私たちが相容れない価値観とともに生きなければばならないという悲観的な結論のように思われる。それでも、バーリンの考えに従うならば、多元論は避けがたい論争の供給源ではないし、異なる価値観を持つ人々の間に、平和的な共存の可能性を保証してくれる。

多元論にそのようなことができる理由は、あらゆる価値観が人間性に根差していて、その価値観が共有されているものだからだ。十分な想像力を備えていれば、自分の価値体系とは違う価値体系を理解することができるのだ。

最終的な選択はあなた自身で

コンラッドの作品中のマーロウと、シンプソンの登山仲間サイモン・イェーツは、彼らのジレンマをどうやって解消したのだろうか。

イェーツは、シンプソンとザイルでつながれていた。そして、シンプソンは、クレバスの真上で宙吊りになっていた。イェーツがザイルを切ったら、シンプソンは、ほぼ間違いなく死へと落ちていくだろう。イェーツがザイルを切らなかったら、やがてイェーツも絶壁から転落し、2人とも死ぬことになるだろう。

イェーツは次のように回想している。「私は、再びナイフに手を伸ばし、今度はザイルにナイフの刃を当てた。刃先がザイルに軽く触れるだけで十分だった。ぴんと張りつめたザイルは、刃先が触れた途端、爆発するように引きちぎれた」。

このジレンマに対する態度は、関係者すべてのために最善を尽くすという価値観と、友達を守りきるという2つの相反する価値観のどちらを持っているかで決まる。しかしこの場合、客観的ではなかったとしても、少なくとも、間主観的な解決策があったように思われる。

それは、恐ろしいものではあったけれども、イェーツがザイルを切断したのは正しかったというものだ。奇跡的に生き延びたシンプソンも、イェーツが正しいことをしたとはっきりと認めている。シンプソンは、ザイルで宙吊りになっていたときでさえ、こう考えていた。「イェーツが、私のために死ぬ必要はない」。

この信じがたい事例は、ジレンマがどれほど深刻なものになり得るかを例証している。ジレンマは、本物の価値観のぶつかり合いから生じるのであり、どちらの価値観が優越しているかについての客観的な事実はないかもしれない。それでも、より望ましい解決策や、より望ましくない解決策というものがあることを、この事例は物語っている。

では、『闇の奥』に出てくるマーロウのジレンマはどうだろう。マーロウはクルツの最後の言葉を伝えるかどうか決めなければならなかった。

「地獄だ！地獄だ！」という言葉をクルツの婚約者に伝えるのか、あるいは「生きる支えになる何か」を彼女に与えるのか。マーロウは決断しなければならなかった。

結局、マーロウはこう言うのだ。「彼が言った最後の言葉は……あなたの名前でした」と。

「思っていた通りでした。きっとそうだろうと思っていました！」。彼女は涙を流しながらこう答えた。マーロウは、彼女に本当のことを話すことができなかった。「本当のことを言ってしまったら、あまりにも希望がなさすぎる。まったく、なさすぎる」。

マーロウは最初、この嘘が事実に対する侮辱のように思えた。「この嘘によって、逃げる間もなく家が崩れ落ちてこないだろうか？　空が頭上に落ちてくるのではないだろうか？」。しかし、「何も起こらなかった。空は、そんなささいなことで落ちてきたりはしないのだ」とマーロウは言った。

マーロウの選択は正しかったのだろうか？　彼の行為が正しいのかどうかを証明する方法は存在しない。問題を解決する宇宙の法則はない。それは、マーロウの頭上に空が落ちてこなかった理由でもある。

どちらの選択肢にも妥当な理由を見つけることができるし、片方がもう一方より優れていると考えることもできるかもしれない。ジレンマに対する客観的に正しい解決策が欠けているということが、解決策を考えることをあきらめる根拠にはならない。それどころか、さらに深く考える根拠になる。もし、バーリンの主張が正しくて、しかも、多元論が、多くの解決可能な価値観の対立の根源にあるとしたら、私たちがどちらの価値観を最も主張したいのか、また、何によって生きて行きたいのかに対して、的確な注意を向けさせてくれるという意味合いでは、ジレンマは実際に役立つことになる。

本章で取り上げた2つのジレンマはともに、倫理に関する重要な点を数多く表している。ただ、明白な答えや厳密な客観的法則を求めているのだとしたら、これまでの試みは虚しく見えるだろう。また仮に、あらゆる道徳的なジレンマが解消され得るとしたら、それは失望に終わるだろう。

しかし、明瞭に考え、本当に正しいと評価しているものに注意を向けることで、より善い道徳的な選択、純粋により良い結果をもたらす道徳的な選択をする可能性が芽生えるのであれば、そこに、哲学的倫理学につながる点がある。

最終的な選択は、常にあなた自身が決めることであり、あなたしかその選択の責任を負うことはできない。しかも、責任を取るためには、それにふさわしい厳粛な時間と考えを、倫理の醸成に与えることが欠かせないのである。

THE BIG QUESTIONS Ethics
ビッグクエスチョンズ 倫理

発行日　2015 年 3 月 20 日　第 1 刷

Author　サイモン・ブラックバーン
Translator　山邉昭則＋水野みゆき
Book Designer　小口翔平＋西垂水敦（tobufune）

Publication　株式会社ディスカヴァー・トゥエンティワン
〒102-0093 東京都千代田区平河町 2-16-1 平河町森タワー 11F
TEL　03-3237-8321（代表）
FAX　03-3237-8323
http://www.d21.co.jp

Publisher　干場弓子
Editor　堀部直人＋松石悠

Marketing Group
Staff　小田孝文　中澤泰宏　片平美恵子　吉澤道子　井筒浩　小関勝則
千葉潤子　飯田智樹　佐藤昌幸　谷口奈緒美　山中麻吏
西川なつか　古矢薫　伊藤利文　米山健一　原大士　郭迪
松原史与志　蛯原昇　中山大祐　林拓馬　安永智洋　鍋田匠伴
榊原僚　佐竹祐哉　塔下太朗　廣内悠理　安達情未　伊東佑真
梅本翔太　奥田千晶　田中姫菜　橋本莉奈
Assistant Staff　俵敬子　町田加奈子　丸山香織　小林里美　井澤徳子　橋詰悠子
藤井多穂子　藤井かおり　葛目美枝子　竹内恵子　熊谷芳美
清水有基栄　小松里絵　川井栄子　伊藤由美　伊藤香　阿部薫
松田惟吹　常徳すみ

Operation Group
Staff　松尾幸政　田中亜紀　中村郁子　福永友紀　山﨑あゆみ　杉田彰子

Productive Group
Staff　藤田浩芳　千葉正幸　原典宏　林秀樹　三谷祐一　石橋和佳
大山聡子　大竹朝子　井上慎平　木下智尋　伍佳妮　張俊崴

Proofreader　鷗来堂
DTP　朝日メディアインターナショナル株式会社
Printing　共同印刷株式会社

ISBN978-4-7993-1655-9